Elmo Gerdsen

Alles, was Sie noch nicht über Berlin wussten

mit einem Vorwort von
Volker Wieprecht

archimap*publishers*

Inhaltsverzeichnis

Die Berliner kennen ihre Stadt, zumindest vorgeblich: „Ein fruchtbares Gelände für sumpfige Typen, seit 750 Jahren!" So urteilte der Kabarettist Wolfgang Neuss bissig, aber zahnlos vor dem Mauerfall in seiner Charlottenburger Kifferbude. Er starb im Mai 89, ein halbes Jahr bevor die Stadt wieder zu ganzer Pracht kam. Sein historisches Diktum aber hielt der Mann mit der Pauke dem angehenden Bundespräsidenten Richard von Weizsäcker unter die Nase. In einer Talkshow im Kranzler Eck nannte er den amtierenden Bürgermeister „Ritchie" und mahnte diesen dann inständig, dass auf deutschem Boden nie wieder ein Joint ausgehen möge. So geschehen im Dezember 1983 im Cafe Kranzler. Heute krönt die Rotunde des einstigen Touristenmagnetes, in der Wilmersdorfer Witwen ihren Insulinspiegel mit dem Sahnesiphon hochspritzten, ein schnöder Bekleidungsshop. Das Cafe Kranzler ist Geschichte. Und der Talk zwischen Neuss und Ritchie eines seiner schönsten Kapitel.

Gebäude sind Monumente, die anregen können. (Und für die Geldgeber und Architekten nicht selten Spiegel ihrer selbst. Daher auch die vielen Hochhäuser.) Da der Deutsche - und damit auch der fidele Berliner - seit der Wiedervereinigung durchschnittlich jedoch nur 1,4 Mal umgezogen ist, bleibt die Zahl der Gebäude, die man wirklich kennt und ins Herz geschlossen hat, numerisch streng limitiert. Zuzüglich Brandenburger Tor, langer Lulatsch (Funkturm), Ullis Trotzkeule (Fernsehturm) und Konnopkes Wurstbude (Wurstbude).

Mit diesem Buch potenziert sich die Zahl der steinernen Gebilde, die zu uns sprechen, um ein Zigfaches. Und das tut gut. Zumal wir schnoddrige Berliner ohnehin eher unter gefühltem Wissen als an einem Zuviel an Information über unsere Stadt leiden.

Wer immer den Stadtführer geben muss, wenn Besuch anrückt, weiß wovon die Rede ist. Bislang hielten wir es daher wie unser weißhaariger Bundespräsident von 84 – 89, der Berlin mit den Worten schilderte „Zu den Zierden Deutschlands gehören seine Städte. Unter ihnen ist Berlin weder die Älteste noch die Schönste. Unerreicht aber ist seine Lebendigkeit." So kommt die Frage nach dem Standort eines Mini-Louvres in Berlin gar nicht auf. (Gibt´s wirklich!) Nach der Lektüre sind wir lockerer. Wir können es eher mit Wolfgang Neuss halten. Denn, so lesen wir, Berlin ist tatsächlich aus einem Sumpf entstanden. Ein fruchtbarer Boden, der die exotischsten Blüten treibt.

Volker Wieprecht

Vom Wellness-Tempel zum Revuetheater

Der Admiralspalast ist seit vielen Jahren als Aufführungsort für Opern, Operetten, Kunst und Varieté bekannt. 1922 wurde das bestehende Gebäude auf dem Grundstück Friedrichstraße 101/102 zu einem großen Theater umgebaut. Dieses Theaterhaus wurde nach dem Zweiten Weltkrieg von der Staatsoper bis zu deren Wiederaufbau zehn Jahre später genutzt. Danach zog das alte Metropoltheater in den Admiralspalast ein.

Nach der Wende hatten einige Wiederbelebungsversuche des Admiralspalastes als Theaterstandort nur bescheidenen Erfolg.

Ursprünglich jedoch wurde der Admiralspalast als Bauwerk mit einer gänzlich anderen Nutzung erstellt. In einer Tiefe von ca. 320 m wurde stark mineralisiertes Wasser gefunden. Eine Solequelle reichert das unterirdische Schichtenwasser an. Das gleiche Wasser dient noch heute im etwas entfernten Brandenburg zur Herstellung des unter vielen Namen vertriebenen Brandenburger Mineralwassers.

Die Quelle wurde bereits vor 1873 entdeckt. Daraufhin erhielten die Architekten Kyllmann und Heyden den Auftrag, hier eine Badeanstalt zu erbauen. Das Architektenduo hatte bereits die im Krieg zerstörte Kaisergalerie geplant und wurde deshalb mit dem Bau des so genannten Admiralsgartenbads beauftragt. Der Bau beinhaltete Einzelbäder, Schwimmbecken, Wannenbäder, elektrische Bäder, Räume für Naturheilverfahren und ein russisch-römisches Bad. 41 Solebäder komplettierten die Nutzung. Seine vielfältigen Kuranwendungen verschafften dem Gebäude den Spitznamen „kleines Bad Pyrmont". Nach der Gründung der Admiralspalast Aktien-Gesellschaft wurde der Admiralspalast 1909 abgerissen und mit einer Eissporthalle mit Kegelbahnen, Cafes und einem Lichtspieltheater neu bebaut. Nur zehn Jahre später wurde das Konzept abermals geändert und die Eislaufhalle in ein Revuetheater umgestaltet.

Seit 100 Jahren unverändert

In der Mitte der Huttenstraße im Bezirk Moabit wurde zwischen 1908 und 1909 die AEG Turbinenhalle nach einem Entwurf von Peter Behrens erbaut. Peter Behrens, Universalkünstler und Mitbegründer des Deutschen Werkbunds, hat sich als einer der führenden Entwickler des modernen Industriedesigns hervorgetan. In dieser Funktion wurde er als Chefdesigner der Firma AEG in den Gestaltungsrat berufen, um die Firma in allen Fragen des Designs zu beraten.

Er entwickelte für AEG eine moderne Firmenpräsentation. Dabei orientierte er sich an neuen Technologien, um den Geräten und der Firma die Erscheinung eines modernen Konzerns zu geben. Bei der Planung der neuen Produktionshalle für Turbinen verzichtete er auf Ornamente und ließ das Innere des Gebäudes durch große Glaswände in Tageslicht tauchen. Seine Materialien waren überwiegend Beton, Stahl und Glas. Über die Schrägstellung der Stahlhauptträger wurde die Dynamik der anfallenden Lasten visualisiert.

Eine Besonderheit stellt die südliche Hauptfassade dar. Durch die mächtigen Eckpfeiler erhält das Gebäude etwas Tempelartiges. Dieser „Rückgriff" in die Geschichte erzeugt die faszinierende Spannung des Gebäudes.

Die Westfassade soll übrigens der damals noch sehr junge und spätere „Star-Architekt" Mies van der Rohe gezeichnet haben. 1939 wurde das Gebäude in den nördlichen Bereich durch eine passende Stahlhalle erweitert.

Interessant ist, dass die Turbinenhalle bis zum heutigen Tag der gleichen Zweckbestimmung dient, für die sie 1909 entworfen wurde.

Die Wiener Hofburg in Berlin

Auf dem Bebelplatz, genau gegenüber der klassischen Staatsoper, steht die Alte Bibliothek. Sie wurde 1775 von Friedrich II. in Auftrag gegeben – genau wie die Staatsoper auch. Jedoch trägt die Bibliothek eine barocke Fassade, während die Staatsoper vom Stil des französischen Rationalismus geprägt ist.

Die Erklärung dafür, warum zwei Gebäude, die zur gleichen Zeit unter dem gleichen Auftraggeber entstanden, so unterschiedliche Stile aufweisen, hat eine einfache Erklärung. Der Monarch war ein nicht sehr weit gereister Mann und seine kulturelle Bildung beschränkte sich auf heimische Erfahrungen. Um eine Aura zu erlangen, die eines Königs würdig war, umgab er sich daher lieber mit französischen Philosophen (Voltaire) und Künstlern als sich Preußens Talenten zu bedienen. Friedrichs Oper musste daher auch auf einer vagen Vorstellung eines importierten, französischen Rationalismus entworfen werden.

Ein starker Kontrast dazu bildet die barock ausschweifende Alte Bibliothek. Auf Befehl des Königs wurde kurzerhand eine Kopie des Entwurfs zum sogenannten Michaelertrakt der Wiener Hofburg nachgebaut. Wien war damals eine der Weltstädte, was Friedrich imponierte.

Der Originalentwurf von Fischer von Erlach (1726) reagiert subtil auf den städtebaulich-architektonischen Kontext. Der Michaelerplatz ist rund. Der Trakt fängt die fünf Straßen-Enden auf und führt diese durch das Mittelportal. Dieser starke städtebauliche Kontext fehlt in Berlin und lässt die Bauwerke auf dem Bebelplatz als eine etwas künstliche Ansammlung erscheinen.

Das Gebäude, auch „Kommode" genannt, wurde 1780 fertig gestellt. Der Wiener Michaelertrakt selber wurde aber erst weitere 50 Jahre später ausgeführt. Daher stammt das Kuriosum, dass das Original erst 100 Jahre später entstand als die Kopie in Berlin.

Verkehr besiegt Gerechtigkeit

Fährt man auf der breiten Grunerstraße entlang, da wo sie die Littenstraße kreuzt, fällt einem sofort eine interessante historische Straßenfassade ins Auge.

Sie gehört zu dem Land- und Amtsgericht Littenstraße, das einst mit seiner Pracht das Vorbild für alle Verwaltungsgebäude in Berlin darstellte. Heute ist die einstige Erhabenheit des Gebäudes nur noch zu erahnen. Was ist passiert?

Das Land- und Amtsgericht Littenstraße wurde in den Jahren 1894 - 1904 von Thoemer & Mönnich in neobarocker Form erstellt, dem damals gängigen Stil vieler Staatsbauten, die das wilhelminische Selbstverständnis ausdrücken sollten. Es entstand dabei das nach dem Stadtschloss zweitgrößte Gebäude Berlins.

Der starke Jugendstileinfluss ist dabei auf den bauleitenden Architekten Otto Schmalz zurückzuführen. Die großartige Pfeilerhalle im Inneren des Gerichts mit der doppelläufigen geschwungenen Treppenanlage war eine der bedeutendsten Raumschöpfungen und Vorbild für weitere Gerichtsbauten in Berlin. Das Gebäude selbst war aufgeteilt in den Landgerichtstrakt mit Zugang an der Grunerstraße und dem Amtsgericht an der Littenstraße. Elf kleinere und größere Innenhöfe gliederten die Baumasse, Ecktürme unterstrichen die äußere Erhabenheit des Gebäudes. Heute ist von der einstigen Pracht wenig erhalten, gravierender noch: Dem Gebäude wurde kurzerhand ein Drittel, nämlich das eigentliche Landgericht, der Erweiterung der Grunerstraße in den Jahren 1968-69 geopfert.

Etwas unvermittelt liegt daher heute der früher zentrale Eingang des ehemaligen Amtsgerichtes asymmetrisch an der Littenstraße. Die scheinbar historische Fassade ist nur noch eine schlichte Nachahmung, welche die ursprüngliche, prächtige Fassade nach dem Abriss ersetzte.

Der Grenzgänger

Wer kennt sie nicht, die Druckerzeugnisse aus dem Hause Axel Springer. Doch wer kennt die Geschichte des Verlagsgebäudes? Mit der Verlegung des Hauptsitzes von Hamburg nach Berlin wollte Axel Springer ein Zeichen setzen und gleichzeitig seinen Willen manifestieren, meinungsbildend in die politisch-gesellschaftlichen Prozesse der Zeit einzugreifen. Die Planungen für den heute unter Denkmalschutz stehenden ersten Gebäudeabschnitt sahen einen eher zurückhaltenden Baukörper vor, der aber mit seiner Gesamthöhe von 78m weithin sichtbar sein sollte. Die Bauarbeiten begannen 1959, nur wenige Jahre vor dem Bau der Berliner Mauer, und wurden 1966 endgültig fertig gestellt. Mit seiner Lage nun direkt an der sowjetischen Sektorengrenze avancierte das Hochhaus zu einem baulichen Fingerzeig gegen das verhasste DDR-Regime. Mehr noch, 1961 wurde die Baustelle des „Leuchtturms der Freiheit" als Ausgangspunkt eines Fluchttunnels mit Wissen der Verantwortlichen verwendet und somit aktiv in die Geschehnisse jener Zeit eingegriffen. Auch in den Folgejahren sollte das Hochhaus zu einem Symbol der unterschiedlichen Systeme und des Kalten Krieges werden. So ließ Axel Springer Laufschriften seiner Schlagzeilen bewusst ostwärts gut lesbar auf dem Dach montieren. Als Reaktion sollen die DDR-Obersten daraufhin versucht haben, durch den Bau von Hochhausscheiben, sogenannten „Springerdeckern", dieses Vorhaben zu vereiteln. Ein kurioses Gerücht machte 1969, dem 20. Jahrestag der Gründung der DDR, die Runde, wonach die Rolling Stones auf dem Dach des Gebäudes ein Konzert geben sollten. Kurze Zeit später kam es in Ostberlin zu Tumulten und Verhaftungen. 1972 dokumentierte ein weiteres Ereignis die Verbundenheit des Gebäudes mit den politischen Unruhen jener Zeit, als die RAF im Gebäude gleich mehrere Bomben zündete.
Nach dem Tod Axel Springers wurde der nördliche Teil der Lindenstraße nach ihm benannt, viele Jahre später erhielt der Teil der Kochstraße, der vor dem Verlagshaus den Namen einer anderen Größe jener Zeit - Rudi Dutschke.

Die „recycelte" Nationalgalerie

Die neue Nationalgalerie in West Berlin galt und gilt als eines der emblematischsten Ausstellungsgebäude der Welt und steht mit wenigen anderen als Symbol für moderne Museumsarchitektur. Der weltbekannte Architekt Mies van der Rohe schuf dieses einzigartige Bauwerk, dessen Eleganz als Sinnbild des Neuen Bauens in aller Welt gefeiert wurde. Aber ist es wirklich so einzigartig? 1957 baute Mies van der Rohe diesen Entwurf bereits in einer sehr ähnlichen Fassung - als Verwaltungsgebäude des Rumproduzenten Bacardi in Santiago de Cuba.

Ähnliches „widerfuhr" dem Bauhausarchiv, das 1960 in Darmstadt gegründet wurde. Der ebenso berühmte Architekt Walter Gropius wurde 1965 gebeten, für die Rosenhöhe in Darmstadt ein passendes Bauwerk für das Archiv zu zeichnen. Nachdem die Darmstädter Stadtoberen das Projekt gestoppt hatten, wurde es kurzerhand umgestaltet und auf das heutige Grundstück in Berlin gestellt. Das Gebäude wurde zwar stark umstrukturiert, doch ist der Entwurf unverkennbar aus dem Darmstädter Projekt hervorgegangen – und für seine Darmstädter Umgebung entworfen worden. Insbesondere die charakteristischen Sheddächer, die Teil des Wahrzeichens Berlins geworden sind, verbinden die beiden Projekte.

Gropius und van der Rohe gehören zu den prominentesten Vertretern der modernen Architektur, die sich vor dem Zweiten Weltkrieg entschieden, ins Ausland zu emigrieren. Beide Architekten fanden in den Vereinigten Staaten ein neues Zuhause. Nach dem Ende des Krieges und nach einigen Jahren Abstand entstanden erst wieder neue Verbindungen zum alten Heimatland.

Walter Gropius schuf das Dessauer Bauhaus. Mies van der Rohe ist vor allem für seinen Ausstellungspavillon in Barcelona bekannt.

Gebirge aus Schutt und Asche

Der Wiederaufbau von Berlin erfolgte nach dem Zweiten Weltkrieg weitestgehend mit dem Schuttmaterial der zerbombten Häuser, Brücken und Industrieanlagen. Fast 85% der Trümmersteine und Materialien wurden wieder verwendet. 15% des Schutts war nicht brauchbar und musste möglichst effizient örtlich gelagert werden.

Berlins flaches Profil erhielt auf diesem Wege eine neue Kontur. So entstanden diverse „Berge" und „Erhebungen", die nach mehreren Generationen in die Wahrnehmung des gewohnten Ortsbilds verankert sind.

Die höchste Trümmerbergerhebung ist der Teufelsberg im Bezirk Charlottenburg-Wilmersdorf mit 114 m ü. NN. Das Fundament des Berges bildet die ehemalige NS Wehrtechnische Fakultät. Insgesamt 12 Millionen m³ Schutt wurden für diesen Berg aufgefahren. Dafür fuhren 800 Lastwagen am Tag über 22 Jahre lang ihre Ladung bis zum Bestimmungsort. Den Namen hat der Berg übrigens nicht durch seine dunkle Vergangenheit, sondern durch den nahe gelegenen Teufelssee erhalten.

Im Volkspark Friedrichshain erhebt sich der große und kleine Bunkerberg. Im Inneren des Bergs befinden sich Flaktürme. Da die Sprengungen der Roten Armee nur eine einsturzgefährdete Ruine hinterließen, wurden die Bauten mit Schutt angehäuft. Daher auch der Name des Volksmunds „Mont Klamott".

Auf dem Insulaner in Schöneberg findet sich auf 78 m Höhe über NN die Wilhelm-Foester-Sternwarte. Die Höhe wird genutzt, um der Luftverschmutzung zu entgehen. Astronomische Beobachtungen wurden so auch in Berlin möglich.

Heute werden die Trümmerberge als Ausflugsziel, Rodel- und Skipisten, Freizeitflächen und Grünanlagen genutzt.

Die Kirche St. Hildegard in Frohnau ist ein ganz besonderes Gotteshaus. Sie wurde 1913 ursprünglich als Turnsaal für eine Mädchenschule
erbaut. Kurz darauf wurde die Turnhalle in ein Lazarett umgestaltet.
Nach dem Krieg wurde der Bau von der Gemeinde erworben und zur
Kirche umfunktioniert.

Nicht anders erging es dem „Kaiser-Wilhelm-Garten" in Johannisthal,
der vor dem Ersten Weltkrieg als Tanzsaal erbaut wurde. Die Räume
wurden während der Kriegsjahre als Kasino der Marineflieger genutzt.
Zwischen 1921 und dem Ende des Weltkriegs wurden dort Filme
gezeigt, bis die Gemeinde das Gebäude erwarb und es zur Kirche
umbaute. Die Kinositzplätze taten noch lange ihren Dienst als
Kirchenbestuhlung.

Emil Fangmeyer, einer der Vertreter des modernen Bauens, ließ 1932
das 1916 entstandene Künstleratelier des Bildhauers Wandschneider zu
einer Kirche umbauen. Wandschneider war einer der erfolgreichsten
Bildhauer des ausgehenden Kaiserreichs, der über Deutschland hinaus
große Plastiken im Ausland realisieren konnte. Schon ab 1926 nutzte die
Gemeinde die Räume für Gottesdienste, indem einige Anbauten
zugefügt wurden. Nach dem Krieg konnte der Architekt das wenig nach
Gotteshaus anmutende Bauwerk wieder restaurieren.

Weniger durch die Nutzung als durch die Integration einer Rathaus-
front sticht die Königin-Luise-Kirche aus den normalen Kirchenbauten
hervor. Der Architekt Robert Leibnitz, der auch das Hotel Adlon 1907
fertig stellen ließ, plante die im neugotischen Backsteinstil erstellte
Kirche. Als Hauptfront kopierte er die Eingangsfassade des Rathauses
von Tangermünde. Warum er dies tat, ist in den Wirren der Geschichte
untergegangen.

Dicke Luft in Berlin

Die Friedrichstadt wurde 1688 vom dem preußischen König Friedrich I. angelegt. Notwendig wurde die Erweiterung der alten Doppelstadt Berlin-Cölln, weil der Zustrom religiöser und nationaler Gruppen ein rasantes Wachstum der Stadt bewirkte. Die neuen Stadtblöcke in der Friedrichstadt wurden denen in der Altstadt in ihrer Größe in etwa angepasst. Die Blockgröße ist noch heute gut nachvollziehbar.

In der weiteren Entwicklung Berlins jedoch hat die kurzsichtige und oft inkompetente Stadtentwicklungspolitik der Hohenzollernregenten wilder Finanzspekulation Vortrieb geleistet.

In der Folge wurden ganze Stadtteile, wie zum Beispiel der nördlich gelegene Prenzlauer Berg über Jahrhunderte hinweg einer fast unkontrollierten Entwicklung überlassen. In Verbindung mit einer unzureichenden Bauordnung konnten so Mietskasernen mit zu dunklen Innenhöfen auf riesigen Stadtblöcken entstehen, die hinsichtlich der Hygiene einen katastrophalen Zustand erzeugten. Ein solcher Innenhof musste gesetzlich nur 28 m² aufweisen, also den Radius einer Feuerspritze. Diese inadäquaten Lichtschächte mussten ausreichen, um allen Bewohnern ausreichend Licht und Luft zur Verfügung zu stellen. Seuchen waren die natürliche Folge.

Da Berlin im ausgehenden 19. Jahrhundert eine der größten Städte der Welt mit einer der kräftigsten Wirtschaftsentwicklungen war, herrschte in der Stadt eine qualvolle Enge, die Berlin auf Platz eins der am dichtesten bewohnten Metropolen brachte.

Ein Blick auf einen Stadtgrundriss Berlins zeigt deutlich den Größenunterschied zwischen den alten Blöcken im Vergleich zu den unkoordinierten Riesenparzellen des 19. Jahrhunderts in den nördlich liegenden, jüngeren Bezirken.

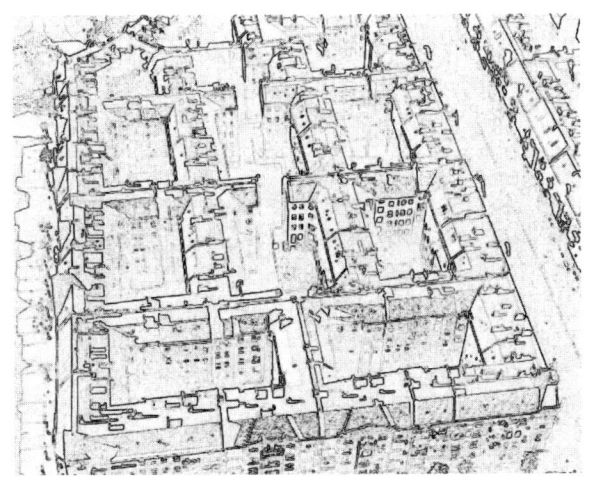

Die Doppelstadt Berlin-Cölln bildete sich an geografisch günstiger Stelle.

Der heutige Mühlendamm zeugt noch von der ersten Nutzung der ehemaligen Furt, die einen einfachen Übergang über die Spree bot. Auch der Name Fischerinsel deutet auf seinen Ursprung hin, nämlich den Lebensunterhalt der ersten Siedler in diesem Gebiet. Da an dieser Stelle Handelsreisende über die Spree treten konnten, bildete sich hier zunehmend eine größere Siedlung. Die Berliner begannen, Handel zu treiben und die örtlichen Fischprodukte gegen die mitgeführten Waren auszutauschen. Der Fluss ermöglichte den problemlosen Betrieb von Mühlen. Seine relative Abgeschiedenheit machte das Gebiet zu einem guten Jagdgebiet für Pelze. Der Name Berlin stammt aber nicht von dieser ursprünglichen Bären-population oder gar von dem Askanierfürst Albrecht dem Bären ab. Berlin scheint sich aus wendisch-slawischen Worten gebildet zu haben.

Offenbar stammt Berlin von der Wurzel brl- und der Endung -in ab. Brl- bedeutet Morast, Sumpf. In beschreibt einen Ort. Die Bedeutung ist also Ort am Sumpf. Andere Deutungen sind auch Wildnis mit Lehmboden oder Stück trockenes Land umgeben von Sumpf.

Die Zwillingsstadt Cölln erhielt den Namen wohl unter anderem durch die Kolonialisten, die in der menschenarmen Region ihr Glück versuchten. Cölln (Köln) scheint einer der Regionen gewesen zu sein, aus denen Siedler in die Mark Brandenburg zogen. Diese versuchten den slawischen Namen Kollen (ein von Sumpf umgebener Hügel) der rheinischen Stadt Colonia anzugleichen.

Pariser Plätze in Berlin

Des „Soldatenkönigs" Friedrich Wilhelm I. hauptsächlichstes Interesse war das Militär. Im Besonderen „sammelte" er die bekannten Langen Kerls, Soldaten mit einer Körpergröße von über 1,88 m. Der Unterhalt für das Militär und die Langen Kerls verschlang riesige Summen, so dass für die Bevölkerung und die Ausbaumaßnahmen der Residenz- und Hauptstadt Preußens nur wenig übrig blieb.

Sein städtebaulich weitsichtiger Vater, Friedrich I., hatte die Friedrichstadt im Westen der Altstadt Berlins planen lassen. Da Friedrich Wilhelm I. neue Exerzierplätze für sein Hobby benötigte, befahl er die Planung von drei großen Plätzen am westlichen Ende der neuen Friedrichstadt seines Vaters. Anstatt eigene Entwürfe anfertigen zu lassen, begnügte sich der „Militärliebhaber" mit Kopien von drei noch heute sehr bekannten Pariser Plätzen.

Der heutige, neu erstellte, achteckige Leipziger Platz, damals Octogon genannt, wurde nach dem Vorbild der Place Vendôme gestaltet. Der Mehringplatz, damals Rondell und später Belle-Alliance-Platz genannt, hatte die runde Place des Victoires zum Vorbild. Der Pariser Platz letztendlich, damals Quaree genannt, ist nach der Form der Place des Vosges gestaltet.

Im Gegensatz zu Paris wurden in Berlin die Plätze nur in der Aufsicht und nicht zusätzlich in den Ansichten geplant. Daher erscheinen die Plätze heute auch sehr unterschiedlich: In Paris wirken die Fassaden einheitlich, in Berlin bunt gemischt.

Der Mehringplatz erhielt zwischen 1815 und 1946 den Namen „Belle-Alliance-Platz" nach dem gleichnamigen Ort, in dem die Heerführer Preußens und Englands zusammentrafen, um Napoleon bei Waterloo zu schlagen. Der Pariser Platz erhielt seinen heutigen Namen 1814 aus Anlass der Eroberung von Paris.

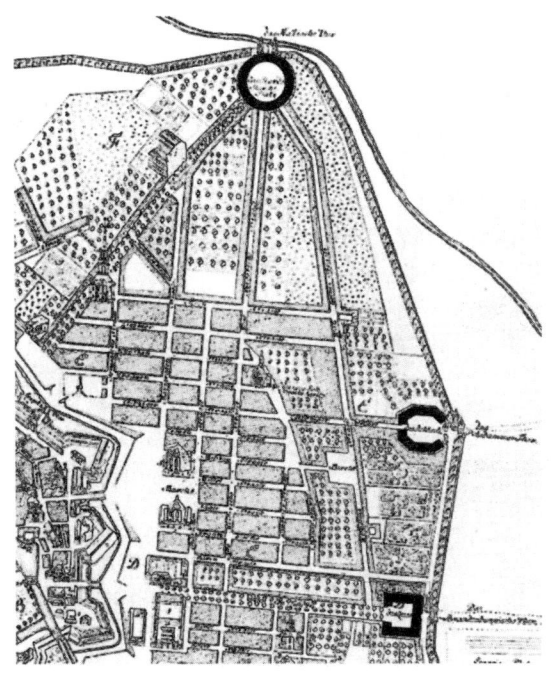

Die Berliner Stadtmauer - versteckt in einer Kneipe

Bei Enttrümmerungsarbeiten in der Waisenstraße entdeckte man 1948 Reste der mittelalterlichen Berliner Stadtmauer. Sie wurde zwischen 1250 und 1290 aus unregelmäßigem Feldstein-Mauerwerk errichtet und war von zwei Gräben umgeben. 1319 erstmals urkundlich erwähnt, wurde sie im 14. Jahrhundert mit Backsteinen ausgebessert und bis auf vier Meter erhöht. Da die Stadt sich in der Folge vor allem nach Westen entwickelte, bezog der Memhardtsche Festungsring 1683 bereits die Gebiete des Friedrichwerder auf der Köllner Seite mit ein. Auf Berliner Seite endete er kurz hinter der alten Stadtmauer.

Das so nutzlos gewordene Bauwerk wurde von den Berlinern pragmatisch und kostensparend als Rückwand ihrer neu entstandenen Wohnhäuser verwendet, den so genannten „Wiekhäusern", und überdauerte so die Zeit. Heute stehen noch ganze 100 Meter frei sichtbar als authentisches Zeugnis der Stadtgründung Berlins in der Waisenstraße 14-16. Eines der letzten erhaltenen, wenn auch durch Aus- und Umbauarbeiten in seiner Substanz stark veränderten Wiekhäuser, das im direkten Verlauf der Stadtmauer steht, ist das Lokal „Zur letzten Instanz".

Neben dem deftigen Essen ist zu erwähnen, dass die Gaststätte im ehemaligen Bullenwinkel liegt, einem Viertel der Metzger und Fleischer, und dass sie eine der ältesten Einrichtungen dieser Art in Berlin ist. Sie wurde bis 1924 „Maria Beil" genannt und erst mit dem Bau des Gerichtsgebäudes in der heutigen Littenstraße nahm sie ihren aktuellen Namen an. Einer Legende nach sollen zwei Bauern kurz vor dem Gang zum Gericht dort eine einvernehmliche Lösung ihres Streits sozusagen im letzten Moment gefunden haben.

Was macht der Bär im Berliner Wappen?

Berlins erstes überliefertes Wappen von 1253 zeigt das Wappentier des askanischen Fürstengeschlechts, den Bären, vor der stilisierten Stadt. Um 1280 wurde der Berliner Bär als „bewachendes" Tier links und rechts neben dem kurfürstlich-brandenburgischen Adler platziert.

Nachdem die Hohenzollernfürsten den eigentlichen Schutzauftrag für Berlin, den sie vom deutschen Kaiser erhalten hatten, gegen die freie Stadt wandten und sich mit marodierenden Junkern verbündeten, wechselte die Symbolik des Wappens auf unheilvolle Art.

Um 1440 baten die verstrittenen Zünfte Berlins Kurfürst Friedrich II. um Hilfe. Dieser nutzte die Ahnungslosigkeit der Stadtbürger aus und besetzte die bis dahin freie Stadt militärisch. In dieser Zeit erhielt das Wappen Berlins einen kurfürstlich-brandenburgischen Adler, der den Berliner Bären fest an einer Kette gefangen hält.

Diese Symbolik, in der sich die freche Okkupation Berlins wider-spiegelt, wurde in abgewandelter Form bis 1871 beibehalten. Erst nach der Reichsgründung 1871 wurde dem Bären wieder das Halsband als Zeichen der Knechtschaft abgenommen. Die Adler Preußens (Hohenzollern) und Brandenburgs wurden erst nach dem Ersten Weltkrieg entfernt.

Das heutige Wappen zeigt wieder einen freien Bären „bekront" von einer stilisierten Stadtmauer, die in der Zeit des Historismus des 19. Jahrhunderts entstanden ist.

Das Museum im Glaslager

Das Museum für Berliner Kunst war bis zum Jahr 2004 weitgehend unbekannt. Kaum einer weiß, dass die Sammlung schon seit 35 Jahren besteht und in einem Teil des Museums Gropiusbau untergebracht war. Die Räume im Gropiusbau waren allerdings viel zu klein für die enorme Sammlung, die nur durch Schenkungen privater Sammler, dem Förderverein oder durch Mittel der Klassenlotterie zu imposanter Größe anwachsen konnte.

Durch den Übergang des Gropiusbaus in Bundesbesitz mussten ab 1997 neue Räume für die Sammlung gefunden werden. Mehrere Projekte misslangen und so wurde die Sammlung, die zehntausende Aquarelle, Fotografien, Objekte und Gemälde umfasst und sich hauptsächlich aus Werken der 20er und 30er Jahre und der Nachkriegsjahre in beiden Teilen Berlins zusammensetzt, auf mehrere Depots verteilt.

2003 konnten mit Hilfe des Berliner Senats neue Ausstellungsräume gefunden werden. Es handelte sich um ein ehemaliges Glaslager, in dem Tausende von Fenstern für den Fall einer erneuten Blockade Berlins durch den Ostblock lagerten. Berlin betrieb eine Reihe geheimer Lager, die alle Arten von Gütern beherbergten, die im Notfall nicht hätten eingeflogen werden müssen.

Was ist dran und was ist drin?

Das Wahrzeichen der deutschen Hauptstadt wurde auf Geheiß des preußischen Königs Friedrich Wilhelm II. von Carl Gottfried Langhans erbaut. Es war eines von 18 Stadttoren der Zollmauer, die in großen Teilen zwischen 1734 und 1737 erbaut wurde.

Das Bauwerk ist als klassizistisches Zugangsportal von den Propyläen auf der Akropolis in Athen inspiriert. Bekrönt wird das Bauwerk von der Siegesgöttin Viktoria, die von vier Pferden stehend auf einem Wagen in die Stadt gezogen wird.

1806 wurde die Figur symbolträchtig während des Feldzugs Napoleons nach Paris geschafft. 1814 fand der Generalfeldmarschall Blücher während der Besetzung von Paris durch die preußische Armee die Statue in Kisten verpackt und brachte diese triumphierend nach Berlin zurück.

Das Tor und seine Attika sehen massiv aus, jedoch verbergen sich hinter der Fassade des über den Säulen liegenden Gebälks mehrere bis zu zweigeschossige Räume. An der Süd- und Nordseite ist jeweils ein kleines Fenster angebracht. Darunter finden sich pyramidenartige Treppen, an deren höchsten Punkte sich kleine Türen auftun. Über diesen Zugang kann man die verborgenen Räume betreten. Hier sollen schon vor der französischen Besatzung Soldaten in Überwachungs-funktionen regelmäßig Dienste geleistet haben. Während der napoleonischen Besetzung dienten die Räume auch als Gefangenen-unterkünfte.

Im Spartakusaufstand am Ende der Novemberrevolution 1919 nutzten die Aufständischen die Räume als Stützpunkt gegen die Reichs-regierung.

1945 hielten sich Teile der verbliebenen Wehrmacht in den Räumen auf. Heute werden die Räume nicht mehr genutzt.

Der Aufstieg eines Kasinos

Wenn man heute ins Deutsche Theater geht, gelangt man über die Schumannstraße zunächst an einen schönen offenen Vorplatz. Dies war nicht immer so:

1848 wurde Friedrich Wilhelm Deichmann für einen als Kasino genutzten Saalbau in einem Hinterhof der Schumannstraße die behördliche Theaterkonzession verliehen. Die Verleihung der Konzession an den Zimmermann, Sänger und Schauspieler kam einer Revolutionierung der Theaterlandschaft gleich, da es bis dato verboten war, mit den königlichen Bühnen zu konkurrieren. Vermutlich resultierte die Aufhebung dieses Verbots aus der Revolution von 1848.

Friedrich Wilhelm Deichmann ließ den Saalbau nach einem Entwurf des Architekten Eduard Titz umbauen und eröffnete 1850 das so genannte „Friedrich-Wilhelm-Städtische Theater".

Größere Umbaumaßnahmen fanden 1872 mit dem Einbau eines Rangfoyers statt. 1883 wurde das Haus anlässlich der Gründung des Deutschen Theaters durch eine Gruppe von Schauspielern unter der Leitung des Theaterkritikers Adolph l´Arronge noch einmal verändert. 1905/06 übernahm Max Reinhardt das Theater. Er ließ den benachbarten Ballsaal, der ebenfalls 1850 von Deichmann in Auftrag gegeben wurde, durch den Architekten William Müller zu den Kammerspielen umbauen. Seitdem ergänzen sich die beiden Häuser. Im so genannten „großen Haus" wird das klassische Repertoire gespielt, die Kammerspiele widmen sich moderner Dramatik in privater Atmosphäre. 2006 wurde das Ensemble um eine "Blackbox" für experimentelles Theater mit nur 80 Plätzen im Foyer erweitert. Die Fassaden in der noch heute existierenden neoklassizistischen Form stammen ebenfalls aus der Zeit des Umbaus von 1906. Den Krieg überstanden beide Häuser glimpflich, nur die Vorderhäuser zur Schumannstraße wurden vernichtet und 1945 nach Abriss der Ruinen in den heutigen Vorplatz umgewandelt.

Wahrzeichen des Ostens mit Symbolen des Westens

Der Berliner Fernsehturm steht westlich vom Alexanderplatz auf einem Teil des Grundrisses der abgerissenen mittelalterlichen Innenstadt. Nur die benachbarte Marienkirche wurde als Relikt des alten Städtebaus beibehalten.

Mit 368 Meter Höhe ist der Fernsehturm das höchste Bauwerk in Berlin. Am Fuß des Turmschafts steht eine weitläufige Treppenanlage mit Gewerberäumen für Gastronomie.

Der Fernsehturm wurde 1965 begonnen und sollte als Höhendominante das Stadtbild Berlins prägen, um die „Errungenschaften" des Sozialismus zu verdeutlichen. Allerdings mussten Materialien aus dem feindlichen, westlichen Ausland eingeführt werden, was den Baupreis in sechsfache Höhe trieb.

Nach dem Bau des Stahlbeton-Schafts wurde die Kugel auf dem Boden zusammengebaut und mittels eines auf dem Bauwerk montierten Krans montiert. Der Kran ist nach wie vor auf dem Fernsehturm sichtbar.

Eine besondere Kuriosität ist, dass die schräggestellten Fensterelemente an sonnigen Tagen ein christliches Kreuz auf das Wahrzeichen des ehemals atheistisch-sozialistischen Staats bilden. Daher wurde der Bau auch „St. Walter" (nach dem Staatsratsvorsitzenden Walter Ulbricht) und „Rache des Papstes" genannt. Die DDR-Führung hat es nie geschafft, diese Reflexionen, die in Richtung Westen zeigen, zu beseitigen.

Die Stahlkugel soll nach einigen Berichten den sowjetischen Satelliten Sputnik symbolisieren, der 1957 seinen ersten Raumflug absolvierte. Der Beton-Schaft soll den Rauch eines imaginären Antriebs versinnbildlichen. Ein weiteres Modell vom Sputnik hängt übrigens an der Fassade des nahe gelegenen Café Moskau.

Die Heimat von Lufthansa

Vielleicht war der Geist des Flugpioniers Otto Lilienthal in Berlin der Grund für den Wegbereiter des Motorflugs, Orville Wright, 1909 einige Flugvorführungen seiner motorisierten Flugapparate auf dem „Tempelhofer Flugfeld" durchzuführen.

1923 wurde dem Flugfeld Tempelhof dann die erste Konzession für den geregelten Flugbetrieb erteilt. Hier gründete sich 1926 auch die „Deutsche Luft Hansa A.G." Der Flughafen wurde in der Folge weiter zu einem der damals größten und meist genutzten Flughäfen der Welt ausgebaut.

In den 30er Jahren verlangte das III. Reich nach einem neuen Flughafen der Superlative. Der Architekt Ernst Sagebiel, ein strammer Vertreter der Diktatur, entwarf das neue Gebäude in der von ihm selbst geschaffenen Luftwaffenmoderne. Der landende Passagier sollte, wie in Leni Riefenstahls Trilogie der Reichsparteitage gezeigt, das Flughafengebäude in seinem Grundriss erkennen: Ein stilisierter, im Flug befindlicher, greifender Adler. Dieser pathetische Grundzug führte zu einem der beeindruckendsten Flughafenbauten seiner Zeit. Das riesige Gebäude weist über 300.000 m² Fläche auf einer Fassadenabwicklung von 1,2 km auf.

Aufgrund dieser Größe konnte das Gesamtensemble jedoch erst nach Ende des Zweiten Weltkriegs fertiggestellt werden.

Vor dem Gebäude wurde 1951 das Luftbrückendenkmal zum Gedenken an die Luftbrücke zwischen Berlin und dem damaligen Westen (Trizone) errichtet. Entworfen wurde das Denkmal durch den Architekten Eduard Ludwig.

In Frankfurt und Celle stehen gleich gestaltete Denkmäler, die jeweils 1985 und 1988 aufgestellt wurden.

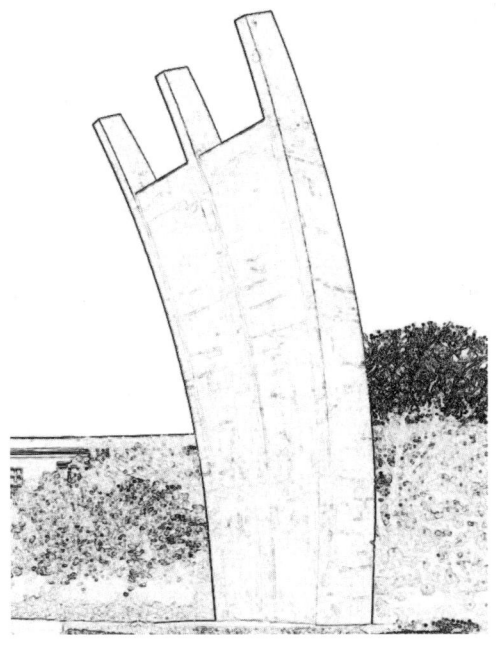

Das verschobene Tor

Die Bundesstraße 1, früher die Reichsstraße 1, hat ihren Anfang an der Stresemannallee in Düsseldorf und führt quer von West nach Ost (oder vice versa) durch Deutschland. Die alte Handelsroute ist mehr als 2.000 Jahre alt und wurde bereits von dem griechischen Astronom und Geografen Ptolemäus erwähnt. Als alte Reichstraße 1 führte sie von Jülich bis Königsberg und war mit 1.392 Kilometern die längste Straße Deutschlands. Die B1 führt über die Königstraße in Berlin-Wannsee in die deutsche Hauptstadt und trifft hinter dem Alexanderplatz auf ihrer „Durchreise" auf das heutige Frankfurter Tor. Die Straße führt weiter Richtung Osten und findet ihr Ende an der deutsch-polnischen Grenze in dem Ort Küstriner Vorland.

Das Frankfurter Tor hatte den Zweck Zölle auf die Waren zu erheben, die auf der Straße nach oder durch Berlin gebracht wurden.

Das 1957 erbaute „neue" Tor liegt aber etwa 800 Meter vor dem alten Standort, das Teil der alten Stadtmauer, Akzisemauer genannt, war.

Der heutige Platz, der den Namen Frankfurter Tor trägt, wurde im Zuge der Bebauung der Stalinallee (heute Karl-Marx-Allee) geschaffen. Er akzentuiert städtebaulich die stark befahrene Kreuzung der Warschauer mit der Petersburger Straße.

Eine Verwandtschaft, wenn auch im abstrahierten Sinne, zeichnet die beiden hohen Wohntürme mit denen des französischen und deutschen Doms auf dem Gendarmenmarkt aus. Diese wurden bereits im frühen 18. Jahrhundert von Carl von Gontard gestaltet. Eine eindeutige Erklärung für den stilistischen Rückgriff durch die sozialistische DDR gibt es nicht.

Revue im Plattenbau

Als der alte Friedrichstadtpalast 1985 abgerissen wurde, endete eine 120-jährige Geschichte von Theater, Varieté und Zirkus am Schiffsbauerdamm. Angefangen hatte alles in einer alten Markthalle aus dem Jahr 1867 in der damaligen Straße Am Zirkus. Nach verschiedenen Zwischennutzungen wurde die Halle 1873 in ein festes Zirkusgebäude für 5000 Personen umgebaut. Zirkusdirektor Renz ließ das Haus 1888 erweitern und erhöhte die Zuschauerkapazität dadurch noch einmal deutlich. Für seine Wasserakrobatik-Nummer nutzte er eine dem Gebäude eigene Besonderheit - es wurde nämlich über einem sumpfigen Arm der Panke gebaut. Noch einmal wechselte das Zirkusgebäude Besitzer und Namen, bevor seine eigentlich große Zeit begann: Mit der Übernahme des Ensembles 1918 durch Max Reinhardt stieg der Friedrichstadtpalast zu einem der großen Schauspielhäuser Berlins auf. Für seine monumentalen Bühnenstücke ließ er den Innenraum von dem Architekten Hans Poelzig grundlegend umgestalten. Poelzig platzierte Stuck in Form von herabhängenden, tropfenförmigen Elementen an der Decke des Theatersaals, so dass die Berliner ihrem Friedrichstadtpalast von nun an den Spitznamen „Tropfsteinhöhle" verliehen. 1919 öffnete das Ensemble unter dem Namen Großes Schauspielhaus seine Pforten.
Im Dritten Reich sank der Stern des Hauses. Die Innengestaltung galt den Nationalsozialisten als „entartet" und so „arisierten" sie den Raum kurzerhand durch Abschlagen der herabhängenden Zapfen. Im Zweiten Weltkrieg wurde das Gebäude schwer beschädigt und für Großveranstaltungen nur notdürftig repariert. 1980 wurde der Betrieb auf Empfehlung einer Baukommission wegen verfaulter Fundament-Pfosten dann ganz eingestellt. Nur fünf Jahre später rückten die Abrissbagger an. Doch die Geschichte hört hier nicht auf. Parallel und in vollendeter Plattenbautechnik entstand der neue Friedrichstadtpalast zur Freude der Ost-Berliner nur einige Meter weiter an der Friedrichstraße.

Der Pelikan von der Friedrichstrasse

Wer „den Berliner" in Deutschlands Hauptstadt sucht, der sucht vergebens. Seit der Gründung der Stadt in der Mitte der Mark Brandenburg, und damit aus der Sicht der frühen Siedler am Rande der Welt, wurden durch geschickte Anwerbungspolitik Neubewohner aus ganz Europa angezogen. Neben Schweizern, Polen, Russen und Süddeutschen waren es insbesondere die französischen Hugenotten, die ein neues und besseres Leben im Osten Europas vermuteten.

Die Friedrichstraße, eigentlich mal als Querstraße erdacht, wurde in der nördlichen Verlängerung oberhalb der Spree Ansiedlungsort des Hugenottenzustroms im 17. Jahrhundert. Da hier auf den Weidenfeldern durch die königlichen Baugrundabsteckungen eine rege Bautätigkeit begann, änderte der Monarch Friedrich III die Querstraße, die damals im nördlichen Teil nur Dammstraße genannt wurde, mit einem preußisch-unwirschen „Was heißt hier Querstraße? Ein anständiger Name muss es sein – der meinige" den Namen des neuen Boulevards.

Ein halbes Jahrhundert später wurde am 29. Oktober 1685 der Potsdamer Toleranzedikt von dem Großen Kurfürst Friedrich Wilhelm von Brandenburg unterzeichnet. Das Edikt sagt aus, dass 20.000 Hugenotten, die aufgrund der Verfolgungen durch den „Sonnenkönig" Ludwig XIV., freie und sichere Niederlassung in Brandenburg zugesagt bekommen. Hier genossen sie besondere Privilegien wie Steuerfreiheit und Subventionen. Man wollte schließlich auch die hohe Handwerkskunst aus dem hoch entwickelten Frankreich importieren.

In der Friedrichstraße 129 steht noch ein Rest des französischen Hospitals, das 1668 gegründet wurde und in den folgenden Jahrzehnten zum wichtigsten Hospital für die französischsprachigen Neuberliner wurde.

1994 schuf Michael Klein eine Plastik in Form eines Pelikans, die nun vor dem ehemaligen Hospital steht. Unter dem Sinnbild für die Zuwendung zu Kranken und Schwachen erinnert die Statur an das Edikt und den Zuzug der Hugenotten.

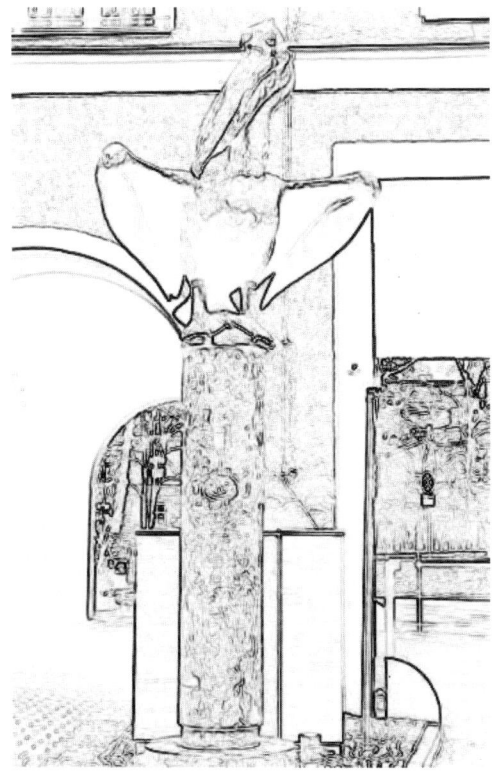

Der Fluch der Brüderstraße

Das Galgenhaus ist eines der ältesten Bürgerhäuser Berlins. Es wurde ab 1688 für Heinrich von der Happe erbaut. Das ehemals barocke Gebäude ist 1805 klassizistisch überbaut worden und dient heute als Ausstellungsort der Fotografischen Sammlung des Stadtmuseums zur Berliner Topographie.

Das Haus in der Brüderstraße 10 im Ortsteil Mitte hat seinen schauderhaften Namen durch ein besonders hartes Gesetz des „Soldatenkönigs" Friedrich Wilhelm I. erhalten.

Durch die zunehmende Kriminalität in den 30er Jahren des 18. Jahrhunderts sah sich der absolutistische Herrscher Friedrich Wilhelm gezwungen, drakonische Strafen auch auf Grund kleinster Diebstähle zu verhängen. Die mutmaßlichen Täter wurden an einem provisorisch aufgestellten Galgen vor dem Haus der Tat aufgehängt, um über den gesamten nächsten Tag als Abschreckung hängen zu bleiben.

In dem Haus in der Brüderstraße wurde eines Tages ein silberner Löffel vermisst. Da ein eindeutiger Täter fehlte, wurde eine der mittellosen Dienstmägde für schuldig befunden und vor dem Haus gehängt. Der Hausbesitzer, ein Minister des Königs, dem dieses nicht gefiel, musste sich der königlichen Anordnung beugen. Von nun an versammelte sich vor dem Haus tagein, tagaus eine Menschenmenge.

Angeblich wurde der Löffel später wiedergefunden, sodass der Minister sich gezwungen sah, die sich erneut verstärkende Neugierde der Masse durch einen Verkauf des Hauses zu beenden.

Nun stellte sich jedoch heraus, dass das Haus durch den Vorfall unverkäuflich war, so dass die Stadt sich genötigt sah, die Immobilie zu erwerben und der Kirche zur Verfügung zu stellen.

Der Galgen im Wedding

Wer heute den eher unscheinbaren Platz im Herzen des Wedding betrachtet, ahnt nichts von den grausigen Geschehnissen, die hier noch bis weit ins 19. Jhd. stattfanden.

Nach mehrfacher Verlegung war es letztlich Friedrich der Große, der an der Stelle des heutigen Gartenplatzes einen idealen Ort fand, um hier öffentliche Hinrichtungen aller Art vollstrecken zu lassen. Der neue Galgenplatz lag vor den Toren der Stadt in der von ihm gegründeten Kolonie Neu-Vogtland und bot genug Raum für all die Schaulustigen.

Schon frühere Herrscher scheuten die Nähe dieses „Blutgerüstes" und hatten den Richtplatz bereits Anfang des 18. Jhds., vor allem seit dem Bau des Lustschlosses Monbijou in seiner unmittelbaren Nähe, aus der Innenstadt an die heutige Bergstraße verlegt. Die letzte überlieferte Hinrichtung fand am 2. März 1837 statt, der blechverkleidete, stattliche zwei Meter hohe, dreifüßige Galgen blieb noch bis 1842 stehen und wurde - wie so oft im sparsamen Berlin - schlichtweg verkauft. Angeblich soll das Gerüst dem Käufer beim Bau einer Kneipe in der Ackerstraße als Fundament gedient haben! Danach wurde es still um die Fläche, sie wurde fortan als Heu- und Getreidemarkt genutzt.

Erst das Engagement des schlesischen Sprachwissenschaftlers Gustav Meyer führte 1875 zur Anlage eines gestalteten Platzes. 1890 erbaute der Architekt Max Hasak auf der Fläche für die immer größer werdende katholische Gemeinde die neugotische Sebastianskirche.

Mit der Teilung Berlins geriet das Gebiet in eine isolierte Randlage. Der Platz veränderte durch den Sanierungswahn der 1970er Jahre radikal sein Gesicht, als nach Totalabriss der Mietskasernen aufgelockerte Neubauten entstanden.

Heute bietet die Umgebung ein eher gespenstisches Bild aus verwahrlostem Grün und wilden Bolzplätzen. Dazu passt die hartnäckige Behauptung der Bewohner, der Geist des letzten Hingerichteten spuke des Nachts mit einer Laterne durch die Kirche auf der Suche nach seiner Grabstätte auf dem alten Galgenplatz.

Die „hohlen" Türme am Gendarmenmarkt

Der Gendarmenmarkt, dessen Name von den Kürassierregimenten der „Gens d'armes" des „Soldatenkönigs", stammt, ist einer der schönsten Plätze Berlins. Angelegt wurde der Platz während der Stadterweiterung des Sohns des „Soldatenkönigs", Friedrich I. Protestantische Glaubensbrüder aus Frankreich, die Hugenotten, kamen im 18. Jahrhundert über mehrere Dekaden nach Berlin und fanden um den neuen Platz herum ein neues Wohnviertel.

Zur Ausübung ihrer Religion durfte die Gemeinde eine eigene Kirche bauen. Die Französische Friedrichstadtkirche wurde von den Architekten Cayart und Quesnay ab 1701 geplant und von der Gemeinde finanziert und mitgebaut.

Auf der gegenüberliegenden Seite wurde zur gleichen Zeit die Deutsche Kirche geplant und von Martin Grünberg erbaut.

Friedrich der „Große", Sohn von Friedrich I., nahm sich bei der ersten Umgestaltung des Platzes die Piazza del Popolo zum Vorbild. Dieser Platz weist zwei Zentralkirchen auf. Diese Art Kirchen sind in sich symmetrische Bauten, die auf den Zentralpunkt in der Mitte des Gebäudes fixiert sind. Friedrichs „Dom"-türme, die den Platz pompöser aussehen lassen sollten, sind aber nur seltsame Anbauten an die bereits bestehenden kleineren in sich stimmigen Bauten. Die Türme sind hohle Attrappen ohne weitere Funktionen. Sie stellen, so der Dichter Ernst Moritz Ernst, das „hohle und gespenstische Gerüst" des friderizianischen Staates dar.

Der Name Dom leitet sich übrigens bei den Bauten nicht von der sakralen Nutzung ab, sondern lediglich von dem französischen Wort „Dome".

Heller Geist aus grauen Mauern

Im späten Mittelalter folgten die Bettelorden dem wirtschaftlichen Aufschwung der Städte. Die Orden, die sich der Armut verschrieben, sorgten sich innerhalb der Städte um das Seelenheil der stark stark angewachsenen Zahl der neuen Stadtbewohner. 1271 gründete der Franziskanerorden das Graue Kloster nahe der Stadtmauer Berlins. Das Kloster erhielt seinen Namen von den Gewändern der Mönche, die aus grauem Tuch hergestellt wurden.

Nach der Reformation und dem Tod des letzten Mönches wurde die Anlage ab 1571 auf Geheiß des brandenburgischen Kurfürsten Johann Georg als Schule genutzt.

Während des Zweiten Weltkriegs wurden die Gebäude um die Klosteranlage stark beschädigt und später abgeräumt. Nur die Ruine des Klosters blieb als Rudiment erhalten und dient heute als Ausstellungsort.

Von Berlin-Mitte zog das eigentliche Gymnasium nach Berlin-Schmargendorf, wo es heute noch in der Salzbrunner Straße betrieben wird. Die Schule galt und gilt nach wie vor als Eliteschule Berlins. Vor dem Krieg genoss das Gymnasium zum Grauen Kloster sogar den Ruf, einer der besten Ausbildungsorte Deutschlands zu sein. Dieses belegen die bekannten Lehrer und Schüler der Institution. So waren u.a. Friedrich Ludwig Jahn (1778-1852) „Turnvater Jahn" oder der Dichter Karl Philipp Moritz (1756-1793) Schüler des Gymnasiums.

Illustre ehemalige Schüler sind Otto von Bismarck (1815-1898), Reichskanzler, Karl Friedrich Schinkel (1781-1852), Architekt, oder Florian Henckel von Donnersmarck (*1973), Regisseur und Oscar-preisträger. 14.500 wertvolle Bücher der Schule werden in der Zentral- und Landesbibliothek Berlin aufbewahrt.

Kerker, Konfektion und leichte Mädchen

War der spätere Friedrichwerder im 17. Jhd. noch von Verteidigungsanlagen überbaut, begann man ab 1733 die Wälle zu schleifen und Gräben zu verfüllen. Dabei entstand mit der Überbauung der ehemaligen Bastion III der Platz mit seiner eigentümlichen Form. Die vorspringenden Wehranlagen sind bis heute in der Straßenführung gut zu erkennen. Friedrich II. ließ 1750 auf der Nordseite des Platzes ein Untersuchungsgefängnis des Hofgerichts im ehemaligen Jägerhof einrichten – die Hausvogtei. Ein verhasster Ort, der mit den Worten „ Wer die Wahr-heit weiß und saget frei, der kommt in Berlin in die Hausvogtei" die Willkür der Obrigkeiten schon damals anprangerte.

Seine Blütezeit erfährt der Hausvogteiplatz aber erst Mitte des 19. Jhds, als sich die Konfektionsindustrie hier ansiedelte. Erste Fabrikanten, wie die Brüder Manheimer, David Leib Levin oder Herman Gerson, bildeten seit 1837 den Beginn einer bis zum Ersten Weltkrieg florierenden Textilbranche. 1891 erwarb die Reichsbank das Gelände der Hausvogtei, riss diese ab und machte den Weg frei für viele weitere prunkvolle Bank- und Geschäftshäuser rund um den Platz. Sogar der bekannte Landschaftsplaner Peter Joseph Lenné wurde mit der Gestaltung des Platzes beauftragt. Doch viel mehr als ein paar Linden, von denen heute noch eine existiert sowie die zentrale Brunnenanlage wurden kaum umgesetzt. Das Interesse an frei sichtbaren Reklameschildern verhinderte mehr!

Die sogenannten „Denkzeichen" direkt auf dem Platz erinnern heute an das traurigste Kapitel dieses Ortes. Rassenwahn und die Judenverfolgung durch die Nationalsozialisten führten zur beinahe vollständigen Vernichtung der überwiegend jüdischen Textilhändler und zur Zerschlagung des einstigen Modezentrums Berlins. Interessanterweise wurde der Platz bis ins 19. Jhd. auch als Schinkenplatz bezeichnet, was einerseits vom Verkauf von Fleischerwaren herrührte. Weitaus pikanter ist jedoch die Anlehnung an das jiddische Wort „Schickse", der leichten Mädchen wegen, die hier wohl tätig waren!

Eine schräge Kirche

Bei den Planungen zum Forum Fridericianum hatte neben dem Architekten Georg Wenzeslaus von Knobelsdorff auch der preussische König, Friederich II. das Sagen. Er veränderte, entwarf und verwarf oft persönlich die Planungen und lies, wie im Fall der Hedwigskirche, seine oft prunkvollen Vorstellungen von anderen verwirklichen, das heißt bezahlen. Nach dem ersten schlesischen Krieg schenkte er der immer stärker werdenden katholisch-schlesischen Gemeinde 1747 ein Grundstück am neu angelegten Platz hinter der Oper und verlangte im Gegenzug die Ausführung seiner Pläne.

Diese sahen einen überkuppelten Zentralbau in Anlehnung an das Pantheon in Rom als südöstlichen Raumabschluss des Forums vor. Die Gemeinde ließ sich darauf ein und war von Anfang an in Finanzierungsnöten. In ganz Europa wurden Gelder gesammelt, um die ehrgeizigen Pläne des Monarchen umzusetzen, die selbst der Vatikan geißelte. Aus Kostengründen soll dann sogar die Verwendung der alten, eben erst geschliffenen Festungsanlage für die Fundamente gedient haben. Eine letztendlich nicht gesicherte, aber durchaus interessante Hypothese, welche die Schrägstellung der Kirche zum ansonsten rechtwinkligen Platz erklären könnte. Schräg, da die Memhardtsche Festungsplanungen ähnlich denen des großen französischen Festungsbauers Vauban zur besseren Sicherung sternförmig angelegt waren.

Eine wahrscheinlichere Begründung ist in der Ausrichtung der Hauptfassade der Kirche hin zum halbrunden Ehrenhof des von Knobelsdorff neu geplanten und dann in dieser Form nicht ausgeführten Königsschlosses zu finden. Bei der Planung der Hedwigskirche hatte dieser Schlossneubau aber noch Bestand. An seiner Stelle wurde übrigens später das Prinz-Heinrich-Palais erbaut, heute der Kern der Humboldt-Universität.

Die verirrten Figurinen

Stolz sehen die Figurinen auf dem Dachgesims der Humboldt-Universität über die Prachtstraße Unter den Linden und schauen auf „ihre" Stadt. Doch weit gefehlt: Einige von ihnen hatten ursprünglich eine freie Sicht auf den Alten Markt in Potsdam! Wie es dazu kam?

Die Geschichte des Universitätsgebäudes begann mit den Planungen Knobelsdorffs für eine neue Residenz König Friedrichs II. am neu angelegten Forum Fridericianeum. Nach einigen Umplanungen kam dieses Bauvorhaben aber nicht zur Ausführung, sondern wurde in abgespeckter Form von J. Boumann als Palais für den Prinzen Heinrich 1748-53 begonnen und aufgrund fehlender finanzieller Mittel erst 1764-66 von Carl Ludwig Hildebrandt vollendet. Bereits 1809 bezog die neue, vom Freigeist Wilhelm von Humboldt gegründete Universität von Berlin das Palais. Lange wehte hier ein sehr konservativer Geist, der bezeichnenderweise als letzte Hochschule Deutschlands 1908 Frauen zum Studium zuließ.

Erweitert wurde das Gebäude von dem Stadtbaurat Ludwig Hoffmann in den Jahren 1913-19 in enger Anlehnung an die spätbarocken Fassaden des Palais und erhielt seine heutige Form.

 Im Zweiten Weltkrieg stark zerstört, wurde es in einzelnen Abschnitten äußerlich wiederhergestellt. Einzig einige der Attikafiguren waren unwiederbringlich zerstört. Da besann man sich eines anderen Knobelsdorffschen Bauwerks, das nach Kriegszerstörung und auf Geheiß Walter Ulbrichts zum Abbruch und als historisches Ersatzteillager freigegeben war – das Potsdamer Stadtschloss – und tauschte die Figurinen kurzerhand aus. So kommt es, dass einige Figurinen auf dem Dachgesims der Humboldt-Universität einst eine freie Sicht auf den Alten Markt in Potsdam genießen konnten.

Die Säule des Erinnerns

Wer schon einmal die Kochstraße im Bezirk Berlin-Kreuzberg entlang gelaufen ist, dem ist die überdimensionierte Säule an der Ecke zur Wilhelmstraße sicher bereits aufgefallen. Das dazugehörige Gebäude scheint eher durch kleine Sprossenfenster und traditionelle Giebeldächer eine eigene Atmosphäre aufbauen zu wollen. Um zu verstehen, wie das Gebäude zu seiner stark kontrastierenden Säule kam, muss man das Werk des italienischen Architekten Aldo Rossi kennen: Sein Hauptfokus galt der „unterbewussten Wahrnehmung" von Bauten und Stadt. Die Säule ist unter den Stilmitteln des Bauens für Rossi das urtypischste Symbol des Hauses. Alleine durch die Wirkung des Bauteils Säule wird die Assoziation „Schutz, Behausung, Wärme etc." ausgelöst. Alle Arbeiten des 1992 verstorbenen Architekten beinhalten besondere Bausteine oder Baumotive der allgemeinen Erinnerung. Für ihn mussten die Gebäude die Fähigkeit besitzen „Mythen erzeugen zu können".

Das Gebäude an der Kochstraße Ecke Wilhelmstraße entwarf Aldo Rossi für die internationale Bauausstellung 1987. Das Haus gehört zur Postmoderne, wie die meisten Bauwerke, die im Rahmen dieser Ausstellung entstanden.

Der Unterschied zwischen modernem und postmodernem Bauen liegt darin, dass sich die Moderne als in die Zukunft gewandte Disziplin das Erkunden des Neuen zum zentralen Thema gemacht hat. Die Postmoderne versucht, aus dem historischen Kontext heraus Motive für Architektur zu suchen.

Bereits 1957 wurde Berlin zum Austragungsort der internationalen Bauausstellung. Dieses Schaufenster des Modernen Bauens sollte das Selbstverständnis der Insellage und die Zugehörigkeit zum Westen stärken. Auch zog der Mythos Berlin nach wie vor die moderne Kunst und insbesondere das Moderne Bauen an – was sich bis heute nicht geändert hat.

Der verzogene Davidstern

Das Jüdische Museum Berlin ist ein Anbau an das 1735 erbaute Kollegienhaus, welches früher das stadtgeschichtliche Berlinmuseum berherbergte.

Der amerikanisch-polnische Architekt Daniel Libeskind hat einen hochmodernen Trakt für die Jüdisch-Berliner Geschichte an das alte Gebäude angefügt. Dieser Anbau ist auf der Grundlage einer Fülle an Symbolen, die die Thematik des Museums unterstützen sollen, entworfen worden. Die Grundform des Bauwerks stellt einen verzerrten Davidstern dar. Drei sich überschneidende Achsen führen durch die ersten Ausstellungsräume.

Die Achse des Holocausts führt zu einem hohen, kahlen und dunklen Holocaust-Turm, in welchem das Gefühl der Isolation, dem die Juden während ihrer Verfolgung im Dritten Reich ausgesetzt waren, nachempfunden werden soll.

Die Achse der Kontinuität führt zur Dauerausstellung und endet in einer Treppe, die gegen eine Wand läuft. Sie symbolisiert das offene Ende der Entwicklung für die Zukunft.

Die Achse des Exils endet in einem Garten mit hohen Betonstelen, auf denen 49 Ölbäume gepflanzt sind. 1948 wurde der Staat Israel gegründet. Eine Stele steht für die Stadt Berlin. Dieser Garten wird unterirdisch betreten und symbolisiert die Hoffnung, aber auch das Unbehagen im Exil.

Das gesamte Gebäude wird durch hohle Stahlbetonräume gehalten, die Voids genannt werden. In den Räumen wird der ermordeten Mitbürger gedacht. Daniel Libeskind hat somit den Verlust und die damit verbundene Leere zum „tragenden" Element gemacht. Wie er sich selbst erinnerte, sind bereits während der Bauzeit Bauarbeiter auf ihn zugekommen, die ihm von ihrer Betroffenheit, die diese Räume erzeugen, erzählten.

Ein Saal auf Wanderschaft

Das Hotel Esplanade wurde 1908 von dem bekannten Hotelarchitekten Otto Rehning geplant. Das Hotel zählte mit dem Adlon und dem Excelsior zu den prestigereichsten Herbergen der Stadt.

Die Hotelsäle im Esplanade bildeten die öffentlichen Räume. Kaiser Wilhelm II. hielt hier seine exklusiven Herrenabende ab. Während der Weimarer Republik logierten in dem Hotel am Potsdamer Platz bekannte Größen wie Charlie Chaplin und Greta Garbo.

Im Dritten Reich diente das dann nicht mehr oft genutzte Hotel unter anderem als Treffpunkt der Gruppe um das Attentat auf Hitler.

Während der Endphase des Kriegs wurde das Hotel von Bomben stark zerstört.

Da es am westlichen Teil des Potsdamer Platzes stand, führten die restlichen Bauteile während der Teilung der Stadt ein unbeachtetes, stilles Leben. Das Haus diente in späteren Zeiten zum Teil als Filmkulisse; der bekannteste Film, der hier gedreht wurde, war Cabaret mit Liza Minelli, basierend auf den Erinnerungen von Christopher Isherwood.

Nach dem Fall der Mauer wurden alle Gebäudeteile unter Denkmalschutz gestellt. Allerdings standen sie der Neuplanung des Sony Centers im Wege, mit dessen Bau im Jahre 1996 begonnen wurde. Man einigte sich schließlich mit dem Senat darauf, die Gebäude nicht abzureißen, sondern mittels der Translozierung, also dem behutsamen Verschieben, einen neuen Platz zu finden. Innerhalb der Baustelle des Sony Centers wurde der Kaisersaal mittels einer Luftkissenkonstruktion um 75 m verschoben. Diese Aktion alleine verschlang 38 Millionen Euro. Der ebenfalls erhaltene Frühstückssaal wurde in 500 Einzelteile zerlegt und später wieder zusammengefügt.

Lehmbau statt Backsteingotik

Die Versöhnungskirche ist ein ehemaliger neugotischer Kirchenbau auf dem ehemaligen Todesstreifen. Die dazu gehörige Versöhnungsgemeinde, die zwischen Ost- und West-Berlin lag, wurde durch den Mauerbau 1961 gewaltsam getrennt. Bis dahin diente die Kirche aus dem 19. Jahrhundert als gemeinsamer Andachtsort der Gemeinde. 1961 wurde in einer ersten Phase der Schließung die westliche Kirchenmauer in einer Höhe bis zu vier Meter seitens der DDR geschlossen. Kurz danach durfte die Kirche generell nicht mehr besucht werden. Die Versöhnungsgemeinde war nun komplett voneinander getrennt.

Während des Kalten Krieges wurde der Turm als Maschinengewehrstand von der ostdeutschen Armee genutzt. 1985 war das Schicksal der Kirche endgültig besiegelt. Da sie in den Augen der DDR-Führung ein Sicherheitsrisiko darstellte, wurde sie noch im gleichem Jahr mitsamt dem Kirchturm gesprengt.

15 Jahre später feierte die Kirche ihre Wiederauferstehung: Nach der Wiedervereinigung wurde im Jahr 2000 die Kapelle der Versöhnung, die alleine durch Spendengelder finanziert wurde, erbaut.

Der ovale Lehmbau steht auf den Resten des Fundaments der alten Versöhnungskirche. Die neue Kapelle kann durch eine Holzlamellenwand betreten werden, die einen halbgeschlossenen Umgang um die eigentliche Kapelle gewährt. In dem einfachen und würdevollen Andachtsraum stehen der originale, beschädigte Altar und das Turmkreuz der ehemaligen Kirche. Im Außenbereich sind die alten wiedergefundenen Glocken in einer separaten Konstruktion aufgehängt und läuten wieder. Im Erdreich neben den Fundamenten wurde eine Fliegerbombe aus dem Zweiten Weltkrieg gefunden, die man entschärft und als historisches Dokument sichtbar für alle Besucher an dem Fundort belassen hat.

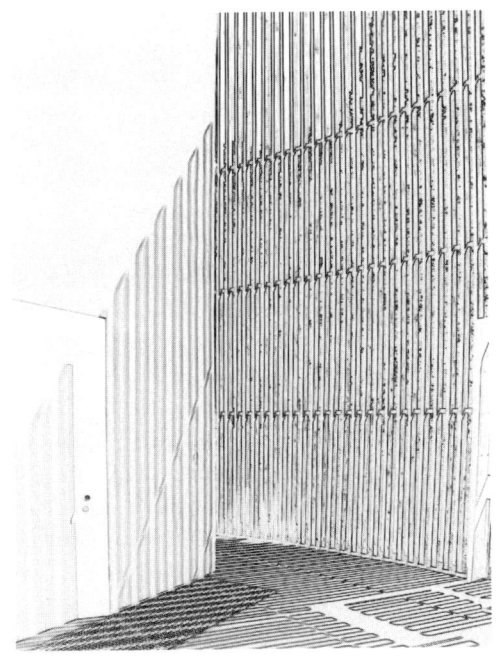

Geburtsstätte des modernen Musiktheaters

Die Komische Oper in der Behrenstraße ist als modernes Gebäude 1966-67 fertiggestellt worden. Der Zuschauerraum ist im Kontrast zur äußeren Fassade ein reich ornamentierter Raum mit groß-dimensionierten Figurinen, Deckenspiegel und einem großen Kronleuchter. Der Zugang und damit der Haupteingang zu dem spätbarocken Saal wurde aufgrund eines Neubaus von der Straße Unter den Linden an die Behrenstraße verlegt. Die Treppenanlage ist klassisch symmetrisch und führt visuell von dem modernen „Um"-bau zu dem alten Zuschauerraum.

Der kleinste der Zuschauerräume der drei Berliner Opernhäuser ist ein Relikt des alten Theaterhauses, das einst an diesem Platz stand. 1945 fiel das damalige Metropoltheater den Bomben zum Opfer. Nur der innenliegende Saal und das Treppenhaus blieben wie durch ein Wunder erhalten.

1892 wurde das Opernhaus als Theater Unter den Linden erbaut. Bereits 1898 zog das Revuetheater Metropol ein. Das Theater wurde durch seine originellen Produktionen und individuellen Schauspieler weltbekannt. 1933 wurde es kurzzeitig durch die NS-Regierung geschlossen und bereits 1934 „germanisiert" wiedereröffnet.

Nach dem Krieg zog das Metropoltheater in den leerstehenden Admiralspalast in der Friedrichstraße und es konnte an die alten Erfolge anknüpfen.

1947 wurde in den umgebauten Räumlichkeiten an der Behrensstraße dann durch den österreichischen Regisseur Walter Felsenstein die neue Komische Oper gegründet und erlangte durch ihn weltweiten Ruhm als Geburtsstätte des modernen Musiktheaters.

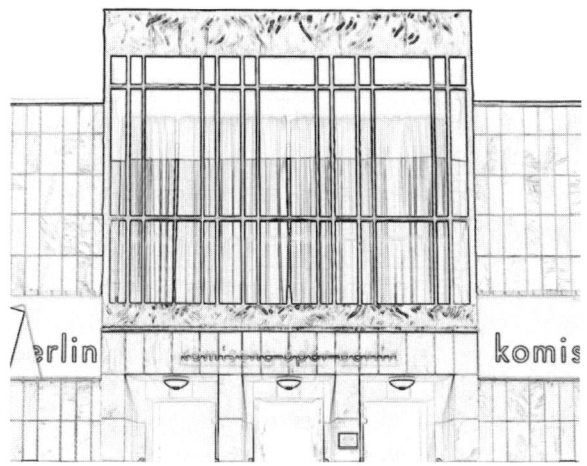

Vom Reiterweg zum Boulevard

Der Kurfürstendamm war in den Anfängen Berlins nur ein schmaler Dammweg, der zu dem Jagdschloss Grunewald führte. Um 1540 benutzte Kurfürst Joachim II. diesen Weg, um zu seinem Schloss zu gelangen. Erst 200 Jahre später wurde der Weg dann das erste Mal als Churfürsten Damm bezeichnet.

Bis weit in das 19. Jahrhundert gab es keine Anzeichen zum Ausbau des Schotterwegs zu einem Prachtboulevard. Erst nachdem der weitsichtige Hamburger Bauinvestor Johann Carsten ein Vorbild für die sinnvolle und nicht auf Spekulation beruhende Entwicklung der Villenkolonien im Westen Berlins aufgezeigt hatte, sprangen die Spekulanten auf den fahrenden Zug auf.

Auch Otto von Bismarck beteiligte sich daran. Er selbst hatte sich Grundstücke um den Johannaplatz im Grunewald gesichert und verfolgte nun den Ausbau des dahindümpelnden Boulevards. Er plante die Verbreiterung der Straße von geplanten 30 Meter auf 53 Meter und pochte auf einen separaten Reitweg. Da Berlin damals mit zu den am schnellsten wachsenden Städten zählte, durfte gehofft werden, dass der Grunewald so etwas ähnliches wie der Bois de Boulogne in Paris werden würde: Nämlich ein innerstädtischer Park. Diese Einschätzung war nicht ganz unrealistisch. Letztendlich ist diese Entwicklung aber nur teilweise eingetreten.

Übrigens war einer der wichtigsten Auslöser der Entwicklung des „Ku'damms" die mutige Entscheidung zur Errichtung des neuen Kaufhaus des Westens (Ka De We) durch den Gründer Adolf Jandorf an dem damals noch öden Wittenbergplatz.

Streit um einen Brunnen

Bereits 1896 fand der Stadtbaurat Ludwig Hoffmann eine Planung für ein Denkmal im Volkspark Friedrichshain vor, die eine prunkvolle „Verschönerung" der Grünflächen vorsah. Hoffmann entschied sich jedoch, die Idee eines Märchenbrunnens nach dem Vorbild der Figuren der Gebrüder Grimm insbesondere für die Arbeiterschaft zu realisieren. Dieses war der Anlass für eine langjährige Auseinandersetzung um die Entscheidungsbefugnis zwischen dem Kaiser und den Stadtgremien. Am Ende wurde der Brunnen mit Änderungen gemäß den Vorstellungen Hoffmanns gebaut, was als Sieg der Stadt über das Reich empfunden wurde.

Der Brunnen selber dehnt sich über 34 Meter mal 54 Meter aus und ist im Stile des Neobarock erbaut. Vier Wasserbecken bilden durch langsam fließendes Wasser seichte Kaskaden. Die Figuren zeigen neun Märchen der Grimms: Hänsel und Gretel, Der gestiefelte Kater, Hans im Glück, Die sieben Raben, Aschenputtel, Rotkäppchen, Brüderchen und Schwesterchen, Schneewittchen und die Sieben Zwerge sowie Dornröschen. Figuren aus weiteren Märchen zieren das Umfeld.

Die sozialdemokratische Zeitung schrieb 1913 zur Einweihung des Brunnens über die Figuren, dass „ … die Märchengruppen dastehen als Mahnung an die Arbeiterschaft, dass ihrer noch die Aufgabe harrt, den Absolutismus zum Märchenschema zu machen."

Einer der Sieben Zwerge trägt unverkennbar die Züge des Bildhauers Adolph Menzel. Es scheint, dass Hoffmann Menzel ein posthumes Denkmal setzen wollte. Der Maler hatte zum Ungemach des Kaisers anmaßend die Missstände in der preußischen Industrie malerisch verarbeitet.

Das Berliner Sühnekreuz

1325 wetterte der Probst Nikolaus von Bernau heftig von der Kanzel gegen die Berliner Bevölkerung. Diese weigerte sich, der Geistlichkeit ausreichend Spenden zukommen zu lassen. Anstatt sich stillschweigend zu entfernen, trat der Probst provozierend durch die vor der Kirche wartende Gemeinde. Der allgemeine Aufruhr gegen ihn steigerte sich bis zur Lynchjustiz gegen den Repräsentanten Roms.

Zu dieser Zeit drängte der Papst in Rom darauf, dass nur sein Segen dem deutschen und damit römischen König die Legitimation zum Herrschen verleihen würde. Sein Gegenspieler war Kaiser Ludwig IV., der das Armutsgelübde der Franziskanerorden unterstützte. Vor diesem Hintergrund galt damals jeder Repräsentant des Papstes als ein verschwendungs- und machtsüchtiger Feind des legitim gewählten Königs. Nikolaus von Bernau ist daher aus fehlendem Takt und aufgrund der großpolitischen Lage ums Leben gekommen.

Nach diesem Akt der Lynchjustiz wurde ein 20 Jahre andauernder Kirchenbann über Berlin verhängt. Dieses war zu damaligen Zeiten eine schwere Bürde, da das von Religion bestimmte öffentliche Leben nicht mehr ausgeführt werden konnte.

Der Bann hielt an, bis die Berliner Stadtverordneten letztendlich einer Zahlung an die Kirche zustimmten. Zusätzlich musste die Stadt einen neuen Altar stiften und ein Sühnekreuz aufstellen. Das Kreuz wurde mehrfach versetzt und ist einiger Teile, wie des Sockels verlustig gegangen. Auch handelt es sich nicht mehr um das originale Holzkreuz. Das bei einem Stadtbrand vernichtete Originalkreuz wurde noch im Mittelalter durch ein Steinkreuz ersetzt und steht noch heute vor der Kirche.

Brandenburger Zitate

Die Geschichte des Märkischen Museums beginnt mit der Gründung des Vereins für die Geschichte Berlins als Folge der rasanten Umwandlung der etwas provinziellen Residenzstadt in eine moderne Großstadt. Interessierte und engagierte Bürger stifteten immer neue historische Fundstücke des alten Berlin und der Mark Brandenburg, sodass bereits 1874 vom Stadtrat und Leiter der Sammlungen, Ernst Friedel, das Märkische Provinzialmuseum im Palais Podewils als erstes bürgerliches Museum Berlins gegründet wurde.

Der Großteil der Objekte lagerte jedoch in einer Art Rumpelkammer im neuen Roten Rathaus und so wurde aus Platznot 1892 ein reichsweiter Wettbewerb für den Bau eines eigenen Museums ausgeschrieben. Dieser endete ergebnislos und so war es der neue Stadtbaurat Ludwig Hoffmann, der 1896 mit den Planungen begann und bereits 1904 die Bauarbeiten abschließen konnte. Hoffmann, der sich bis dahin durch monumentale Projekte wie das Reichsgericht in Leipzig einen Namen gemacht hatte, baute hier eines der wichtigsten Beispiele des wilhelminischen Historismus in einer ganz eigenen Sprache.

Der Komplex besteht aus sechs Bauteilen, die – existierenden Gebäuden nachempfunden – in einer Art historischen Collage von der märkischen Gotik bis zur deutschen Renaissance reichen. So finden sich unter anderem Architekturmerkmale der Rathausfassade von Tangermünde, des Wandsystems des Katharinenklosters in Brandenburg, oder des Bergfriedes der Bischofsburg von Wittstock/Dosse wieder.

Auch die Innenräume mit ihrer verschachtelten Aneinanderreihung folgen der Idee, Objekt und Umgebung in Einklang zu bringen. Das Ensemble wirkt wie über Jahrhunderte gewachsen, eine perfekte Inszenierung von Heimatgeschichte. Übrigens wird passend in einem Bärenzwinger im vor dem Gebäude liegenden Köllnischen Park noch heute das lebendige Wappentier Berlins gehalten!

Kultur auf Befehl

Von außen lässt sich nur schwer erahnen, welche ungewöhnliche Geschichte dieses Kleinod preußischen Klassizismus hat. Sein heutiger Name „Maxim Gorki Theater" verrät wenig über seine ursprüngliche Bestimmung. Den Beginn machte eine Initiative des Hofcembalisten Carl Christian Fasch, der einen Ort für den von ihm geleiteten ersten gemischten Chor Berlins forderte, einer Singakademie. Sein Nachfolger Carl Friedrich Zelter war es dann, der den geheimen Oberbaurat Karl Friedrich Schinkel mit der Planung beauftragte. Dieser entwarf zunächst einen tempelartigen Baukörper, ähnlich seiner eben projektierten Elisabethkirche an der Invalidenstraße. Wegen zu hoher Baukosten wurde er jedoch bald vom Braunschweiger Architekten Karl Theodor Ottmer abgelöst, der die Planung optimierte und den Bau in den Jahren 1825-1827 realisierte. Die Singakademie zu Berlin war fortan ein fester Bestandteil im kulturellen Leben des sich entwickelnden Berliner und Europäischen Bildungsbürgertums.

Mit dem Zweiten Weltkrieg kam es zu einer jähren Zäsur. Bei einem Angriff wird die Akademie schwer getroffen und mit Kriegsende Teil der Ostzone. Die sowjetische Militäradministration nahm sich nun dem weiteren Schicksal der Ruine an und deklarierte sie kurzerhand zu einem Befehlsbau, was bedeutete, dass ihr Wiederaufbau Priorität hatte. Materialmangel und Pragmatismus der Nachkriegsjahre führten dazu, dass sogar Material von zum Abriss freigegebener NS-Bauten Verwendung fand. Marmorverkleidungen aus der Reichskanzlei wurden ebenso verbaut wie Heizkörper oder Sanitäranlagen aus dem Reichspropagandaministerium. Doch nicht als Konzertsaal, sondern als Theater sollte die Singakademie wieder erstehen und Bühne für die Kultur der neuen Machthaber werden. Folgerichtig wurde sie 1952 nach dem berühmten russischen Schriftsteller und bekanntesten Vertreter des sozialistischen Realismus, Maxim Gorki, benannt. Heute ist das Haus wieder Anziehungspunkt Kultursuchender und knüpft an seine Tradition als internationale Bildungsbürgerstätte an.

Die Mohren und ihre Kolonnaden

Die Mohrenkolonnaden befinden sich in der nördlichen Friedrichstadt jeweils vor den gegenüberliegenden Gebäuden der Mohrenstraße 37b und 40-41. Der Name der Mohrenstraße geht auf die hier untergebrachten „Mohren" zurück, die Friedrich Wilhelm I. aus den Niederlanden als „Geschenk" bekommen hatte, diese zu Heeresmusikern ausbilden ließ und deren Kaserne sich hier befand. Die Straße wurde um 1700 von der Mauerstraße im Westen bis zum Hausvogteiplatz im Osten als Querstraße zur Friedrichstraße angelegt. Nach dem Abbruch der Memhardtschen Festungsanlagen wurde hier 1742 zuerst eine schmale hölzerne Laufbrücke über den ehemaligen Festungsgraben gebaut. Diese wurde 1787 nach Plänen von Carl Gotthardt Langhans durch eine straßenbreite Steinbrücke ersetzt, die mit ihren Brückenkolonnaden zur „Verschönerung des Stadtbildes" beitragen sollte.

Architektonisch stellen die Mohrenkolonnaden ein für Berlin einzigartiges Beispiel des Spätbarock hin zum Klassizismus dar. Deutlich sichtbar schwingen die Kolonnaden in barocker Manier elegant in die Häuserflucht zurück, folgen aber schon klassizistischer Ordnung. Der plastische Schmuck stammt von G. Schadow und P.A. Tassaert, die Giebelreliefs und Figuren stammen von C.B. Rode. Sie verkörpern sinngemäß die Flussgötter der vier Erdteile. Im 19. Jahrhundert befanden sich in den Kolonnaden so genannte „Krambuden" der Kleinhändler, bis sie mit dem Verfüllen des Festungsgrabens zu „Vorbauten" neuer dahinter liegender Gebäude umfunktioniert wurden.

Parallel entstanden so auch die Spittelkolonnaden an der Leipziger Straße, sowie die Königskolonnaden am Alexanderplatz, doch wurden diese Anfang des 20. Jahrhunderts versetzt oder abgebrochen. Die Mohrenkolonnaden sind damit die letzten Brückenkolonnaden Berlins, die an ihrem ursprünglichen Standort stehen.

Der Brunnen, den keiner wollte

Vor dem abgerissenen Stadtschloss der Hohenzollern wurde dem damals 22-jährigen Kaiser Wilhelm II. 1891 ein Monument mit Symbolgehalt überreicht. Der weitsichtige und um Ausgleich bemühte Oberbürgermeister von Berlin, Max von Forckenbeck, veranlasste die Schenkung eines Monumentalbrunnens an das deutsche Staatsoberhaupt.

Der Neptunbrunnen fand schnell eine neue Volksbezeichnung: „Forkenbecken". Dieses Wortspiel bezog sich nicht nur auf den Bürgermeister, sondern auch auf die zentrale Figur Neptun, der eine Forke in der Hand hält. Dem Neptunbrunnen gegenüber wurde später das monumental-sentimentale Reiterstandbild Kaiser-Wilhelm-Nationaldenkmal aufgestellt. Beide Monumente waren pure Geldverschwendung zu dieser Zeit. Gab es in Berlin doch dringendere Probleme zu lösen, wie zum Beispiel die durch eifrige Spekulation vergessene Kanalisation herzustellen.

Der Brunnen wurde von demselben Bildhauer entworfen, der später auch das Nationaldenkmal realisierte, dem Günstling des Kaisers Reinhold Begas. Nach einem Wettbewerb wurde Begas im laufenden Verfahren nachnominiert. Das Resultat war, dass die Hälfte der teilnehmenden Bildhauer vorher resigniert aufgaben.

Es bleibt die Frage nach dem Grund der Thematik des Neptunbrunnens. Der letzte deutsche Kaiser wollte unbedingt die Vorherrschaft Deutschlands auf den Weltmeeren erlangen. Neptun war daher ein gelungenes Ebenbild der Bestrebungen des Kaisers. Der Kaiser war über diese „Anspielung" allerdings nicht besonders amüsiert. Er verweigerte Forckenbeck sogar den Handschlag, war er doch der oberste Vertreter der Stadt, die in ständiger Opposition zu den Hohenzollern stand.

Eine Eisscholle in Berlin

Neben den Umbaumaßnahmen und der Wiederherstellung der Infrastruktur mussten nach der Wiedervereinigung zusätzlich die Regierungsbehörden geplant und gebaut werden. An exponiertester Stelle ist die Glaskuppel auf dem Reichstag entstanden. Die vielen, weniger sichtbaren Regierungs- und regierungsnahen Bauten, die zum Teil etwas versteckt stehen, zeugen von den enormen Anstrengungen, die die Stadt in den 90er Jahren drastisch veränderten. Von diesen Bauten bilden die diplomatischen Vertretungen eine besondere Form der Gebäude.

Auf dem Tiergarten-Dreieck, das Anfang der 90er Jahre noch Klingelhöfer Dreieck hieß, ist die Vertretung der Nordischen Botschaften entstanden. Das Bauwerk repräsentiert nicht nur die einzelnen skandinavischen Länder, sondern auch den Nordischen Rat, der 1952 entstanden ist. Er gilt als Forum für die Interessen der einzelnen Mitgliedsländer untereinander und als gemeinsame Vertretung nach außen.

Die neuen Vertretungen sind 1999 fertiggestellt worden. Die Besonderheit ist die türkisgrüne Kupferfassade des umlaufenden Bandes, das die Gebäude umklammert. Dieses geschwungene Band soll eine Eisscholle nachbilden und ist aus 4.000 Einzellamellen gefertigt. Das Band ist 230 Meter lang und wurde von dem österreichisch-finnischen Architekturbüro Berger und Parkkinen entworfen. Die einzelnen Vertretungen sind so angeordnet, wie sie auf der Landkarte zu finden sind. Zusätzlich sind die Fassaden der einzelnen Häuser mit Materialien des Heimatlandes versehen worden. An der Fassade der norwegischen Botschaft zum Beispiel steht eine 15 Meter hohe Granitplatte aus dem nordischen Land. Diese wiegt 120 Tonnen und ist mittlerweile 900 Millionen Jahre alt. Drei Wasserbecken symbolisieren zusätzlich die drei Meere, die die Länder verbinden.

Wie kommt der Baum in die Oberbaumbrücke?

Die Oberbaumbrücke verbindet die Stadtteile Kreuzberg und Friedrichshain.

Der Vorläufer der im neugotischen Stil erbauten Brücke wurde 1723 auf Befehl von König Friedrich Wilhelm I., dem „Soldatenkönig", erbaut. Die Brücke wurde Teil der ersten großen Stadterweiterung von 1734 bis 1737. Die neue Stadtgrenze, Akzisemauer genannt, erhielt 18 „Thore" zum Erheben der direkten Zölle auf eingeführte Waren. Eine weitere Aufgabe der Mauer war, die Fahnenflucht der zahlreichen Soldaten zu verhindern, die Berlin beherbergen musste. Die von den Königen rekrutierten Soldaten entstammten oft einfachen Landfamilien weit abseits der Hauptstadt und wurden zum Militärdienst gezwungen. Noch heute zeugen das Brandenburger Tor, das Kottbusser Tor oder das Frankfurter Tor mit ihrem Namen oder ihrem Bau von der ehemaligen Zollgrenze.

Die Oberbaumbrücke war Teil der Akzisemauer und diente der Kontrolle der Waren, die auf dem Wasserwege eingeführt wurden. Die Brücke, die im Osten der Mauer lag, war der „Unterbaum": genannt Unterbaumbrücke.

Die Oberbaumbrücke wurde 1893 in ihrer heutigen Form erbaut. 1995 wurde sie nach Plänen des Architekten Calatrava restauriert. (Der heutige Mittelteil.) Derselbe Architekt erbaute die neue Kronprinzenbrücke Anfang der 90er Jahre, deren Vorgänger bis 1879 Unterbaumbrücke hieß.

Die Namen haben ihren Ursprung in der Vorgeschichte der Wasserüberquerungen. An den Stellen der Brücken, die vor dem 17. Jahrhundert einfache begehbare Holzstege waren, wurden nachts zum Schutz Baumstämme zum Schließen des Flussverkehrs über die Spree gelegt. Der Oberbaum lag in der Fliessrichtung des Wassers an der oberen, der Unterbaum am unteren Ende des Flusses.

Das Original vom Original

Zu den wenigen erhaltenen Berliner Stadtpalästen des 18. Jahrhunderts zählt das Palais Schwerin am Berliner Molkenmarkt Nummer 3. Es wurde vermutlich von Jean de Bodt bis 1704 für den Diplomaten Otto von Schwerin entworfen und baut auf einem Vorgängerbau auf.

Ende des 18. Jahrhunderts wird es als Verwaltungsgebäude mit Kriminalgericht und als Stadtvogtei genutzt, in deren Mauern auch Kämpfer der frühen Arbeiterbewegung wie zum Beispiel Fritz Reuter einsaßen. Noch bis 1935 befanden sich in der nächsten Umgebung des Palastes der mittelalterliche Mühlenhof sowie das alte Krögelviertel.

Unter den Nationalsozialisten wurde der gesamte Molkenmarkt mit dem Ausbau der Mühlendammschleuse und -brücke, dem neuen Verwaltungsforums rund um das neue Stadthaus und dem Bau der Reichsmünze von Grund auf umgestaltet. Viele der Altbauten fielen den Planungen zum Opfer, unter ihnen auch das Ephraimpalais. Andere, wie das Palais Schwerin, wurden abgetragen und einige Meter versetzt in den Neubau der Münze integriert. Dabei wurde die Fassade um je fünf Achsen in Anlehnung an den Altbau erweitert, der versetzte Haupteingang wurde in die Achsenmitte zurückverlegt.

Der Gesamtkomplex der neuen Münze besteht aus einer V-förmigen Anlage, die sich vom Molkenmarkt über das leicht erhöhte Hauptgebäude mit einer Kopie des Münzfrieses von G. Schadow bis hin zu einem lang gestreckten Flügel am Rolandufer ausdehnt. Der Bau entspricht den Prinzipien von Architektur und Stadtplanung dieser Zeit, dem rücksichtslosen Bedürfnis nach Repräsentation und gleichzeitiger Gleichschaltung historischer Bezüge.

Der Mini-Louvre von Berlin

Auch wenn Friedrich Wilhelm von Brandenburg der „große" Kurfürst genannt wurde, sorgte er nur in geringem Maß dafür, seiner Stadt und seinem Land Größe durch einen eigenen Stil zu verleihen. Er richtete sich lieber nach der in Frankreich vorherrschenden Stilrichtung – und ließ sich dafür auch noch von dem Franzosenkönig Ludwig VIX bezahlen. Ludwig VIX. Ziel war es, Preußen für sich und gegen den deutschen Kaiser in Frankfurt einzunehmen, um eine einfachere Europapolitik durchführen zu können.

Die „Frankophilie" des Hohenzollernfürsten zeigt sich noch immer im Stadtbild Berlins. So ist das Zeughaus Unter den Linden zu großen Teilen eine Kopie des Louvre in Paris. Anstatt heimischen Künstlern den Planungsauftrag zu erteilen, folgte Friedrich Wilhelm dem Geschmack der Bourbonen in Frankreich, die gerade eine neuartige Stilrichtung etablierten: Der etwas schwerfälligere italienische Barock verwandelte sich durch den Einfluss der sittenstrengen Hugenotten und der Pariser Janseisten in einen akademisch-reineren Stil. Dieser Stil wurde durch die gezielte Beauftragung einheimischer Künstler, wie dem architektonisch wirkenden Arzt Claude Perrault, im Pariser Stadtbild umgesetzt.

Der preußische König folgte dem neuen Trend aus Frankreich und ließ das Zeughaus von einem Gesandten Ludwigs VIX., dem Architekten Francois Blondel, planen. Dieser wurde zwischen 1657 und 1658 nach Berlin geschickt und entwarf die Fassade des Berliner Waffenarsenals in einer strengen Auslegung klassischer Gestaltungsprinzipien.

Später wurde das Zeughaus noch mehrmals in den Stilen des sich verändernden Zeitgeschmacks überarbeitet. Trotzdem ist die Ähnlichkeit der Fassade mit der des Pariser Louvre auch heute noch unverkennbar.

Antwort auf Nazizeit und Mauerbau

Im Dritten Reich sollte Berlin zur Welthauptstadt Germania umgebaut werden. Die Pläne für dieses ehrgeizige Projekt entwarf der Architekt Albert Speer.

Das Kernstück dieser Neuaufteilung Berlins war ein enormer Boulevard, der quer durch den östlichen Tiergarten verlaufen sollte. Auf dieser 40 km langen und teilweise bis zu 120 m breiten Straße sollten unter anderem ein 117 m hoher und 170 m breiter Triumphbogen sowie diverse Behörden, Wasserbecken von gigantischen Ausmaßen und die „Große Halle" stehen. Dieses Stück Megalomanie wäre auf einem Grundriss von 315 x 315 m entstanden und mit 320 m das höchste Kuppelgebäude der Welt geworden. Das entspricht dem 17-fachen Volumen des Petersdoms in Rom!

Interessanterweise liegt der von Axel Schultes geplante Städtebau der Regierungsbauten aus dem Jahr 1993 quer zur zentralen Prachtachse der Nationalsozialisten. Mit dem städtebaulichen Ensemble, genannt „Band des Bundes", legt sich die Demokratie symbolisch über das totalitäre System der NS-Zeit.

Der Entwurf des Architekten Axel Schultes soll die beiden von 1961 bis 1989 getrennten Stadtteile über den Spreebogen mit Regierungsbauten verbinden. Diese Verbindung, auch „Sprung über die Spree" genannt, wird neben den wuchtigen Stahlbetonbauten mit Regierungsfunktion an beiden Ufern durch eine feingliedrige Fußgängerbrücke in luftiger Höhe symbolisiert. Der Volksmund hat bereits einen anderen Namen für die Brücke gefunden: Er nennt sie ketzerisch die „Beamtenlaufbahn".

Westpreußischer Glanz und französisches Gloria

Eines der markanten Wahrzeichen Berlins ist ohne Frage das Rote Rathaus. Heute eine Art Solitär, dominierte es bis Kriegsende die teilweise noch mittelalterliche Innenstadt. Das direkte Umfeld zwischen Jüdenstraße und der heutigen Rathausstraße bzw. Spandauerstraße bestand ursprünglich aus einer kleinparzelligen Stadtstruktur und war geprägt durch eine hohe Dichte. Was nicht bereits der Stadtumbau des 19. und zu Beginn des 20. Jhds. ausgelöscht hatte, haben Krieg und sozialistische Großmannssucht mit der Totalabräumung des künftigen Marx-Engels Forums erreicht. Die Entwicklung des Umganges mit der alten Stadt begann ironischer Weise an dieser Stelle mit dem Neubau des neuen, drei Innenhöfe umfassenden Rathauses. Dabei fiel nicht nur das alte Rathaus der Bauwut zum Opfer, gleich ein ganzer Straßenblock samt der noch existierenden Gerichtslaube aus dem 13. Jhd. mussten weichen. Dieses Vorgehen war ganz im Geiste der Zeit. Zuerst wurde historische Substanz zerstört, um sie dann überdimensioniert wieder erstehen zu lassen. Bei der Wahl der dafür zitierten Vorbilder wurde häufig die gesamte Baugeschichte eklektisch herangezogen. So auch beim Entwurf von Hermann Friedrich Waesemann, der das heutige Rathaus von 1861 bis 1869 errichtete.

Wer vermutet schon, dass er beim Anblick des Rathausturms die gotische Kathedrale von Lyon in Frankreich vor sich hat, oder dass er gar nicht nach Torun in Polen fahren muss, um das mittelalterliche Rathaus der ehemaligen westpreußischen Stadt Thorn zu sehen! Zusammengehalten werden die verschiedenen Bauelemente durch eine einheitliche Fassadengestaltung im Stil der italienischen Frührenaissance mit ihren typischen Rundbögen. Interessanterweise ist es letztlich die rote Farbe der Ziegelsteine, die den Namen des Rathauses heute begleitet. Hervorzuheben bleibt noch der umlaufende Balkon mit seinem Terrakottafries, der auf 36 Relieftafeln abermals die Historie beschwört, diesmal immerhin die Berlins und Brandenburgs.

Ein wunderliches Bildwerk

Einer Sage nach soll Slawenfürst Jaxa von Köpenick im Jahr 1157 vor Albrecht dem Bären geflohen sein. Als er zur Havel in den Grunewald kam, wollte er eine Furt am heutigen Schildhorn überqueren. Als er nahe dem Ertrinken war, soll er in seiner Not den ungeliebten Christengott um Hilfe angefleht haben. Nach der geglückten Überquerung soll er sein Schild und Horn als Dankbarkeit an einem Baum aufgehängt und sich zum Christentum bekannt haben.

Diese Erzählung entbehrt aller historisch verifizierbaren Grundlagen. Trotzdem entschloss sich der romantisch veranlagte Friedrich Wilhelm IV., ein Denkmal errichten zu lassen.

Nachdem der Entwurf des Bildhauers Stüler für das Denkmal dem Regenten nicht gefiel, meinte dieser, selber Hand anlegen zu müssen. Der Entwurf wurde nachfolgend von dem eingeschüchterten Stüler ohne weitere Änderungen umgesetzt. Herausgekommen ist eine neun Meter hohe, achteckige, romanisch anmutende Säule. In etwa der Mitte ist ein Metallschild befestigt. Darüber thront ein griechisches Kreuz, das in eine Kreisform gezwängt wurde.

Hintergrund der Erbauung dieses und ähnlicher Denkmäler war die Bestrebung, die Mark Brandenburg mit den Zeichen mittelalterlicher Größe Deutschlands zu durchdringen. Daher thront auch das Kreuz über dem Schild, was die Unterordnung der slawischen Urbevölkerung darstellen soll.

Theodor Fontane kommentierte das Denkmal folgendermaßen: „Die Landzunge trägt an ihrer vordersten Spitze (…) ein grauschwarzes, wunderliches Bildwerk (…) das halb an Telegraphenpfosten, halb an Fabrikschornstein mahnt (…)."

Wohnen auf der Autobahn

Die Insellage des eingeschlossenen Westberlin (von 1962 bis 1990) erzeugte eine Wohnungsnot, die man mit erfinderischen Bauprojekten einzudämmen versuchte.

Als erste Maßnahme gegen die Wohnungsnot wurden an den Rändern der Stadt nahe dem Mauerstreifen Großsiedlungen nach den modernen Leitlinien der 60er Jahre erbaut. Diese besagten, dass hohe Wohntürme frei aufgestellt in gartenähnlicher Umgebung stehen sollten. Beispiele solch neu errichteter Stadtteile sind die Gropiusstadt und das Märkisches Viertel.

Nachdem diese Wohnviertel durch soziale Unruhen und Probleme in die Presse gelangten, folgte man der neuen Idee der Nachverdichtung im eigentlichen Stadtkern. Um neuen Baugrund schaffen zu können entschied man sich, die Autobahn A 104 mit einem gigantischen Wohnbau in Brückenform zu überbauen. Dieses Novum, genannt die „Schlange", bietet seit 1980 auf einer Länge von fast 600 Metern über 1.064 Wohnungen auf 14 Geschossen Platz. Insgesamt wurden inklusive der Nebengebäude 1.785 Wohnungen in 120 Varianten erstellt. 118 Hobbyräume, 7.210 m² Gewerbefläche, zwei Tiefparkdecks mit 437 Parkplätzen, diverse Nebenräume und Erschließungsgänge, die komplett durch die lange Anlage führen, machen das Bauwerk zu einem der größten Europas.

Der besondere Clou der Anlage ist die pneumatische Müllentsorgung. Der Abfall sollte direkt von Müllwagen von der Autobahn aus aufgenommen werden. Dieses System hat sich aber als schwierig zu betreiben herausgestellt.

Der Gebäudekomplex zeigte Ende der 80er Jahre ebenfalls erste soziale Probleme. Allerdings konnte die Situation mithilfe von Sicherheitspersonal und Wohnumfeldaufwertungen deutlich verbessert werden.

Das Schloss und die Kommunisten

Die Sprengung des Hohenzollernschlosses 1950 war kulturell gesehen ein zweifelhafter Akt. Allerdings lassen sich die politisch-historischen Gründe zur Beseitigung des Symbols unrechtmäßiger Herrschaft der Hohenzollern nachvollziehen. Weder wurden die Hohenzollern je Berliner, noch haben sie viel für die Bevölkerung getan. Meistens residierten die Vertreter der Dynastie entfernt von den ihnen suspekt erscheinenden Berlinern im sicheren und provinziellen Potsdam.

Nachdem das Ende des Deutschen Kaiserreiches 1918 besiegelt war, kam es in Deutschland und insbesondere in Berlin zu blutigen Straßenkämpfen. Ausgelöst durch politisches Chaos war Deutschland nach dem Krieg praktisch führungslos. In einem Wettlauf um die Ausrufung der jeweiligen politischen Ziele hatte der SPD-Politiker Philipp Scheidemann zeitlich einen Vorsprung und rief am 9. November 1918 um 14 Uhr vom Westbalkon des Reichstags die Deutsche Republik aus. Der Gründer des Spartakusbundes, Karl Liebknecht, folgte nur zwei Stunden später und rief vom Portal IV des Schlosses die Sozialistische Republik aus. Allerdings kam er zu spät. Scheidemann hatte bereits die Massen für sich gewonnen und zog in Richtung Schloss.

Die nach dem Zweiten Weltkrieg gegründete DDR baute sich ab 1962 neben dem heute gesprengten Stadtschloss ein Staatsratsgebäude für die eigene Staatsführung. Als Erinnerung an die Versprechung Liebknechts wurde das Portal IV vor der Sprengung des Schlosses abgebaut und in das neue Regierungsgebäude symbolhaft eingefügt. Allerdings besteht das Portal nur noch zu einem Fünftel aus Originalteilen.

Ironischerweise residiert heute in dem umgebauten Staatsratsgebäude die European School of Management and Technology.

Schlüters steinerne Kritik

1695 befehligte Friedrich III., der spätere preußische König Friedrich I., die Grundsteinlegung des Zeughauses Unter den Linden. Der erste Architekt, der mit den Baumaßnahmen ab 1688 beauftragt wurde, war Johann Arnold Nering. Nach dessen Tod übernahmen drei weitere Baumeister den Bau, bis dann ab 1698 der gebürtige Hamburger Bildhauer Andreas Schlüter das Amt übernahm.

Schlüter fügte dem strengen französischen Entwurf des Zeughauses eine eigene Note hinzu, indem er Giebelüberhöhungen und Ornamente anbringen ließ. Nicht alle Ideen wurden ausgeführt und die heutige Gestalt weist viele Autoren auf. Jedoch sind die Schlusssteine an der Außenfassade und im Innenhof über den Fenstern Schlüters Werk und besonders bemerkenswert.

Schlüter gehörte der „kriegsdienstverweigernden" Sekte der Mennoniten an. Diese protestantische Freikirche zeichnet sich durch Gewaltverzicht und Glaubens- und Gewissensfreiheit aus. Dementsprechend fertigte Schlüter die außenliegenden Schlusssteine im Erdgeschoss als reichlich verzierte Kriegshelme an, die allerdings ohne „Inhalt", also Geist, geformt wurden. Im Innenhof finden sich in den Schlusssteinen des Erdgeschosses Abbildungen sterbender Krieger. Diese Masken stellen „zuckende Häupter" dar, die den Moment des Sterbens festgehalten haben. Die dargestellten Krieger sind im Begriff ihren „letzten Atemzug von sich zu geben".

Diese Darstellung des Inhaltsleeren und der Grausamkeit des Krieges ist die Kritik Schlüters an dem Kriegswesen insgesamt und ist sinnigerweise Teil des Zeughauses, dem Waffenarsenal Berlins. Diese subtile Kritik entging dem König und konnte bis heute erhalten bleiben.

Einsam vor dem Kanzleramt

Das sogenannte Alsenviertel war ein eleganter und wohlhabender Wohnbezirk, der in naher Nachbarschaft nord-westlich des Reichstags lag. Das Viertel hat seinen Namen nach der dänischen Insel Alsen erhalten, deren Eroberung den deutsch-dänischen Krieg von 1864 zugunsten Deutschlands entschied. In diesem Viertel standen überwiegend Villenbauten, die repräsentativ und vornehm waren. Das Alsenviertel wurde hauptsächlich von Adligen, Kaufleuten, Offizieren und Wissenschaftlern bewohnt.

Das Wohnhaus an der heutigen Otto-von-Bismarck-Allee 4 ist 1870/71 als zweigeschossiges Wohnhaus errichtet worden. 1910/11 wurde es für den Unternehmer Kunheim um zwei Achsen erweitert und aufgestockt.

Im Dritten Reich wurde das Viertel aufgrund der größenwahnsinnigen Planungen für die „Welthauptstadt Germania" abgerissen. Wie durch ein Wunder blieb nur die Villa Kunheim als Einzelbau stehen.

Während der letzten Tage des Krieges wurde das Bauwerk von der Roten Armee als Ausgangspunkt zur Eroberung des Reichstags genutzt.

Während des Kalten Krieges diente das Gebäude hauptsächlich als Schweizer Generalkonsulat. 1992 wurde es in der Folge der Wiedervereinigung Deutschlands zur Schweizer Botschaft umgewandelt. Die bekannten eidgenössischen Architekten Diener und Diener haben an den Altbau einen trockenen Stahlbetonanbau an der östlichen Seite angefügt. Der Künstler Helmut Federle hat an die westliche Brandwand ein Betonrelief bauen lassen, das ein einfaches Fensterraster nachahmt. Beide Zubauten sind in einem typisch reduzierten Schweizer „Betonstil" geplant und zeigen exakte Arbeit und ein präzises Setzen von Öffnungen, Rücksprüngen und Volumen. Durch diese beiden Anbauten soll sich das Gebäude selbständig als Solitär nahe dem Kanzleramt behaupten.

Der Umzug der Siegessäule

1873 wurde die Siegessäule als Denkmal für die Einigungskriege eingeweiht. Der Anlass war der dritte Jahrestag der Schlacht bei Sedan, an dem Napoleon III. gefangen genommen wurde. Der Zeitpunkt galt als vorentscheidend für den Sieg des Deutschen Reiches.

Der Architekt Heinrich Stracks, ein Schinkelschüler, plante die Säule als dreigliedriges Monument. Die drei Glieder der Säule sollen die drei Siege 1864, Deutsch-Dänischer Krieg, 1866, Deutscher Krieg gegen Österreich und 1870/1871, Deutsch-Französischer Krieg, symbolisieren, die für Deutschland alle siegreich ausgegangen sind.

Die Säule stand ab 1901 an der monumental-kitschigen Siegesallee als historistisches Monument vor dem Reichstag und sollte die neue Vormachtsstellung Preußens symbolisieren. Zur Versinnbildlichung wurden in die Kanneluren der Säulensegmente vergoldete Ausführungen der jeweils genutzten Kanonen eingefügt. Gekrönt wurde die Säule mit der kupfernen Figur der Viktoria. Diese wurde als Siegesgöttin mit einem Helm mit Adlerflügeln versehen, die so nicht nur auf die Mythologie verweist, sondern auch das preußische Symbol Borussia zeigt.

Nach dem „Erfolg" des Überfalls auf Frankreich 1940 wurde die Säule mitsamt dem Sockel durch den Architekten Albert Speer auf Geheiss des „Führers" Adolf Hitler zu dem jetzigen Standort versetzt. Grund war der Umbau Berlins zur „Hauptstadt Germania". Speer fügte noch ein viertes Säulenglied zur Siegessäule hinzu, das den „Sieg" über Frankreich verdeutlichen soll.

Mittlerweile dient die Säule eher als Verkehrswahrzeichen und als Hintergrund für die Feierfreudigkeit Berlins.

Der heilige Berliner Berg Fuyjiama

Der ehemalige Chairman des Sony Konzerns, Norio Ohga, studierte 1955-1957 in Berlin. In dieser Zeit entwickelte er eine starke Zuneigung zur ehemaligen und zukünftigen deutschen Hauptstadt, insbesondere durch die Aufführungen des Berliner Philharmonischen Orchesters. Als sich 1994 die Möglichkeit ergab, den Sitz des Sony Konzerns Europa nach Berlin zu verlegen, zögerte Ohga nicht lange und ließ mitten in Berlin, auf dem Potsdamer Platz, ein neues Sony-Center der Superlative errichten:

Auf einem 16.500 m² großen Grundstück entstand eine markant-moderne Stahl-Glasarchitektur, die 100.000 m² Nutzfläche für Büros, Wohnungen und Unterhaltung bereit stellt und den Unterhaltungs-konzern 600 Millionen Euro kostete. Sogar der weltberühmte „Kaisersaal" im alten Hotel Esplanade wurde für dieses Bauprojekt mit einem komplizierten Verfahren um 75 m verschoben.

In der Mitte des Gebäudeensembles befindet sich ein ovales, öffentliches Forum, das von einem 920 Tonnen schweren „Zelt" überdacht wird. Dieses Zeltdach besteht aus Stoffbahnen, die mit Zugankern an einem Stahlring befestigt sind, der wiederum auf den darunter liegenden Gebäuden aufgelagert wurde.

Aufsehen erregend ist an dieser spektakulären Konstruktion vor allem die Form des Dachs: Das schräg in den Berliner Himmel aufragende Zelt soll den heiligen japanischen Berg Fujisan symbolisieren. Dieser wird in Europa Fujiyama genannt und ist der wohl bekannteste Berg Japans.

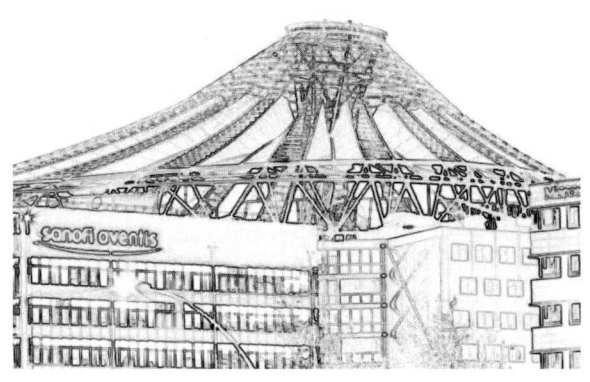

Im Schatten der Legion Condor

Hinter dem eher neutralen Namen dieser Straße in Berlin-Zehlendorf steht eine heute fast unglaubliche Geschichte. Mit der Losung „über ganz Spanien wolkenloser Himmel" beginnt am 17. Juli 1936 der Spanische Bürgerkrieg, den die reaktionären Putschisten unter Franco gegen die gewählte Volksfrontregierung führten. Ein internationaler Nichteinmischungsausschuss, dem auch Deutschland angehörte, sollte ein Ausbreiten des Konfliktes verhindern, als aber die Putschisten in die Defensive geraten, bieten Nazi-Deutschland und Italien ihnen militärische Unterstützung an. So kommt es, dass ab Sommer 1936 bis zu 20.000 Soldaten der Legion Condor, einer Spezialeinheit der Reichsluftwaffe, unter Decknamen wie „Reisegesellschaft Union" oder „Operation Rügen" Berlin heimlich in Richtung Spanien verlassen und dort u. a. die Stadt Guernica aus der Luft bombardieren. Mit dem blutigen Sieg Francos endet der Bürgerkrieg 1939 und in Berlin verkündet die Heeresführung die glückliche und siegreiche Rückkehr der Soldaten der Legion Condor, von deren Existenz die deutsche Bevölkerung bis dahin nicht einmal wusste. Mehr noch: Am 6. Juni 1939 wird zu Ehren der Heimkehrer die Wanseestraße in Berlin-Zehlendorf offiziell in „Spanische Allee" umbenannt!

Dieses Erbe war lange ein politischer Streitpunkt, wie mit dem Gedenken der Geschehnisse, an die diese Straße erinnert, umgegangen werden soll. Das Verdrängen war, wie so oft im Nachkriegsdeutschland, angewandte Politik und erst 60 Jahre später, 1997, erkannte Deutschland offiziell seine Schuld an den in Spanien begangenen Kriegsgreueln durch die Legion Condor ein. Im Jahr darauf wurde eine Grünfläche an der Kreuzung der Spanischen Allee mit der Breisgauer Straße in Erinnerung an die symbolgewordene Zerstörung Guernicas durch die Legion Condor in Guernica-Platz umbenannt. Dieser Platz erinnert heute mit einer Tafel an die Zusammenhänge der Namensgebung der Spanischen Allee.

Glanz, Glamour und Kunst

Nur wenige wissen, dass das heutige Kulturzentrum Tacheles an der Oranienburger Straße der traurige Rest einer der größten Einkaufspassagen aus der Kaiserzeit ist, der Friedrichstraßenpassage.

Die Entstehung dieser Passage geht auf einen Zusammenschluss einzelner Spezial – und Einzelhandelsgeschäfte zurück, die sich unter einem gemeinsamen Dach der wachsenden Konkurrenz großer Warenhäuser erwehren wollten. Sie beauftragten den Architekten Franz Ahrens, der in den Jahren 1907-09 eine monumentale Einkaufspassage schuf. Sie übertraf alle bis dahin erbauten Passagen dieser Art, vor allem durch ihre imposante Raumwirkung. Neu war nicht nur das Raumkonzept, Ahrens setzte hier bereits Stahlbeton – ein absolutes Novum der damaligen Zeit - als konstruktives Element ein.

Doch schon vor 1914 wurde das Gebäude zwangsversteigert und nach Kriegsende 1918 von der AEG als Haus der Technik zur Ausstellung eigener Erzeugnisse genutzt.

Der wahre Niedergang des Hauses begann mit dem Zweiten Weltkrieg und der teilweisen Zerstörung des Gebäudes. Die rekonstruierbare Ruine des ehemaligen Konsumtempels überlebte weitgehend die DDR, bis Planungen eines Straßendurchbruchs und die mangelnde Sanierung schließlich ab den 1980er Jahren zum Abbruch der Gebäudeteile entlang der Friedrichstraße führten. Einzig der Kopfbau an der Oranienburger Straße blieb bestehen, sollte aber in den ersten Jahren nach der Wende abgerissen werden.

Besetzung und Aneignung als alternatives Kulturzentrum verhinderten das. Wo sich einst eine der prächtigsten Passagen Berlins erstreckte, wachsen heute Bäume und bunte Wiesen und warten - um Tacheles zu reden - auf bessere Zeiten.

Ein Zelt am Anhalter Bahnhof

Ob der Veranstaltungsort Tempodrom seinen Namen von der leichten Zeltbauart, also temporären Bauten, erhalten hat, ist unklar. Gewiss ist aber, dass alle Leichtbauten es in dem Umfeld einer Stadt schwer haben. Dabei ist die Idee des Gegenentwurfs zu einem massiven Bauwerk gar nicht so abwegig, bietet er doch den Charme des Andersartigen, der Alternative und des Kostengünstigen. Alle drei Gründe waren 1980 ausschlaggebend für die Wahl der Nutzung des Erbes der Krankenschwester Irene Moessinger.

Sie kaufte ein altes Zirkuszelt und stellte es in West-Berlin auf den verwaisten Potsdamer Platz, da sie alternativen Künstlern eine Bühne bieten wollte. Dieses Konzept ging auf. Nach fünf Jahren zog das Zelt in den Tiergarten.

Nach dem erzwungenen Ende der Spielstätten neben dem neuen Kanzleramt wurde mittels Spendengeldern und Senatszuschüssen ein neues Gebäude auf dem Gelände des ehemaligen Anhalterbahnhofs projektiert. Im Verlauf der Planungen gab es viele Entwürfe und einigen unsachgemäßen Umgang mit Steuergeldern.

Herausgekommen ist ein riesiges zeltähnliches Gebäude, das in seiner Struktur an den zarten Textilanfang erinnern soll. Das neue, aus Stahlbeton gebaute „Zelt" sprengt aber jede Proportion. Das neue Tempodrom steht auf einem fast acht Meter hohen Sockel. Darüber baut sich das hohe Betonzelt auf. Aufgrund der enormen Dimensionen und der schwierigen Bauart sind die Kosten des Bauwerks über die Jahre unkontrolliert in die Höhe geschossen, so dass diese sich verdoppelt haben. Über diesen leichtfertigen Umgang mit Steuergeldern mussten einige Politiker ihren Sitz räumen.

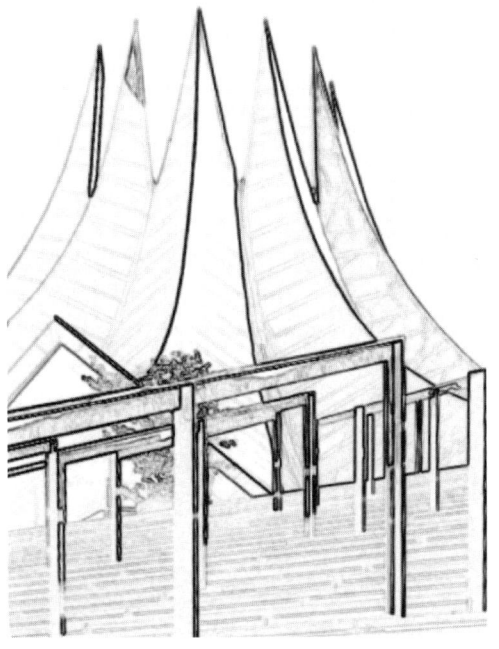

Architektur des Abschieds

Die Kaiser-Wilhelm-Akademie für militärärztliches Bildungswesen stand bis 1910 neben einigen anderen Gebäuden auf dem dreieckigen Grundstück nördlich des Bahnhofs Friedrichstraße, genannt Spreedreieck. Diese wurden noch vor dem Ersten Weltkrieg abgerissen. Durch den Zweiten Weltkrieg wurden die geplanten Bebauungen unterbrochen und später komplett eingestellt. Bis zur Wiedervereinigung stand das prominent gelegene Grundstück eigentlich leer.

Die Ausnahme bildet der sogenannte Tränenpalast. Das Gebäude wurde 1962 erstellt und diente der Grenzkontrolle der DDR. Im Bahnhof Friedrichstraße fuhren S-Bahnen in Richtung Westen, welches das „feindliche" Ausland war. Innerhalb des Gebäudes gab es eine raumhohe Wand, hinter die man nur mit gültiger Reisegenehmigung gelangen konnte. Diese war für die DDR-Bürger nicht zu bekommen. Diese Wand diente in dem Gebäude faktisch als Berliner Mauer. DDR Verwandte und Bekannte mussten sich an diesem Punkt von den Zurückreisenden verabschieden. Aus diesem Grund stammt der Name Tränenpalast.

Im Kreuzungspunkt unter dem Bahnhof Friedrichstraße trafen sich zwei West-S-Bahnlinien. Im Untergrund waren westliche Umsteigeplattformen, die täglich von den Westberlinern genutzt wurden. An diesem Punkt existierte ein inoffizieller Zugang zu den West-S-Bahnen. Er wurde unter anderem zum Austausch von Agenten genutzt. Auch RAF-Mitglieder, Überläufer und Mitglieder der Nomenklatura konnten so ungesehen auf die jeweils andere Seite gelangen. Dieser Gang erhielt in eingeweihten Kreisen den Namen „Ho-Chi-Minh-Pfad".

Unter Linden und Nussbäumen

Die große Prachtstraße Berlins heißt eben deshalb Unter den Linden, weil sie von Linden gesäumt ist. Doch dies war nicht immer so: Die als Reit- und Jagdweg im Jahr 1573 durch Kurfürst Johann Georg angelegte Verbindung zwischen Schloss und Tiergarten hatte ursprünglich viel mehr Grün zu bieten als nur Linden.

Nach den Zerstörungen des 30-jährigen Krieges ließ Kurfürst Friedrich Wilhelm, auch als der „Große Kurfürst" bekannt, neben der Anlage neuer Alleen und Grünanlagen auch die Lindenstruktur von Grund auf überarbeiten. Nach niederländischem Vorbild wurden 1647 auf fast einem Kilometer Länge eine repräsentative Allee in Sechserreihen angepflanzt und die Wege befestigt. Den perspektivischen Mittelpunkt sollte das Schloss bilden. Neben 1000 Linden wurden auch 1000 Nussbäume gepflanzt, was den Verlauf und die heutige Namensgebung sicher stark verändert hätte, wären diese nicht schon bald auf den sandigen Böden Berlins wieder eingegangen.

Ohnehin wurde die Bepflanzung bereits 1658 mit der Errichtung der Festungsanlagen im östlichen Teil wieder gefällt. Die Lindenallee muss damals recht unstädtisch gewirkt haben: Sie lag vor den Festungstoren der Stadt, umgeben von Feldern und Bauernhöfen. Nach dem Schleifen der Festungsmauern 1740 wurde auf eine Neubepflanzung dieses Abschnittes verzichtet, vielmehr entstand dort das bauliche Herzstück der Linden mit dem königlichen Opernhaus, der königlichen Bibliothek, der Hedwigskirche sowie dem Prinz-Heinrich-Palais, der heutigen Humboldt-Universität.

Die Bedeutung der Allee wuchs derart, das Friedrich I. sogar ein Gesetz erließ, nach dem jeder Bewohner auf die Linde vor seinem Haus zu achten habe. Im Zweiten Weltkrieg zu Heizzwecken verfeuert, sind die jetzigen Bäume Neupflanzungen aus den Fünfziger Jahren. Heute wie damals ist also nur der westliche Teil der Straße bepflanzt – mit Linden.

Made in Britannia

Ursprünglich als Nord-Süd Verbindung angelegt, verband ab 1685 eine erste hölzerne Brücke die Berliner Neustadt mit der Spandauer Vorstadt, beides Ländereien der Kurfürstin Dorothea, und verlängerte so die damalige Querstraße, die heutige Friedrichstraße. Weiden säumten das Ufer der Spree, als 1824 eine neue, dem gewachsenen Verkehr geeignetere „dauerhafte" Brücke errichtet werden sollte. Die neue Weidendammerbrücke war nicht nur eine der leistungsstärksten, sie war auch die erste gusseiserne Brücke Europas und wurde im industriell innovativsten Land der Zeit gebaut – in England! Doch schon bald reichten die 10 Meter Breite der Brücke bei weitem nicht mehr aus, um Pferdestraßenbahnen, Fuhrwerken und Fußgängern in der rasch wachsenden Metropole der Kaiserzeit gerecht zu werden. Ein 1892 ausgeschriebener Wettbewerb gewann Stadtbaurat Otto Stahn, der eine Stahlfachwerkträgerdrehbrücke mit einer Überbreite von 22,5 m vorsah und diese schließlich 1896 gebaut und für den Verkehr freigegeben wurde. Das heutige Erscheinungsbild stammt von 1914, als aus statischen Gründen Pfeiler und Widerlager ausgetauscht und vor allem das filigrane Stahlfachwerk des Unterbaus durch massive Stahlträger ersetzt wurde.

Hervorzuheben ist der schmiedeeiserne Schmuck der Brücke. Vom „preußischen Ikarus" wie Wolf Biermann den kaiserlichen Reichsadler der Geländer in seinen regimekritischen Texten nannte, bis zu den Kandelabern mit ihren Fabelwesen und Allegorien reicht ihr Zierwerk und macht bis heute die besondere Anziehung dieser drittältesten Brücke der Berliner Innenstadt aus.

Preußischem Geschäftssinn ist es wohl zu verdanken, dass die alte gusseiserne Brücke von 1824 nicht verloren ging. Sie wurde in Einzelteile zerlegt und verkauft. So überspannen seit 1913 drei Bögen der alten Weidendammerbrücke unter dem Namen Teufelsbrücke die Hafenausfahrt eines ehemaligen Messingwerkes bei Finow/Eberswalde.